A sós com Deus

Dados Internacionais de Catalogação na Publicação (CIP)
(Câmara Brasileira do Livro, SP, Brasil)

Foucauld, Charles de, 1858-1916
 A sós com Deus / Charles de Foucauld ; tradução Rosemary Abílio. – 1. ed. – Petrópolis, RJ : Vozes, 2021. – (Série Clássicos da Espiritualidade)

 Título original: Seul avec Dieu
 ISBN 978-65-5713-237-1

 1. Cristianismo 2. Espiritualidade 3. Meditações 4. Retiros espirituais 5. Sacerdócio I. Título II. Série.

21-70445 CDD-269.6

Índices para catálogo sistemático:
1. Retiros espirituais : Cristianismo 269.6

Maria Alice Ferreira – Bibliotecária – CRB-8/7964

Charles de Foucauld

A sós com Deus

Introdução de Maurice Bouvier, postulante da causa de beatificação de Charles de Foucauld

Tradução de Rosemary Abílio

EDITORA VOZES
Petrópolis

Tradução realizada a partir do original em francês intitulado
Seul avec Dieu

Introdução de Maurice Bouvier, postulante da causa de beatificação de Charles de Foucauld

© desta tradução:
2021, Editora Vozes Ltda.
Rua Frei Luís, 100
25689-900 Petrópolis, RJ
www.vozes.com.br

Todos os direitos reservados. Nenhuma parte desta obra poderá ser reproduzida ou transmitida por qualquer forma e/ou quaisquer meios (eletrônico ou mecânico, incluindo fotocópia e gravação) ou arquivada em qualquer sistema ou banco de dados sem permissão escrita da editora.

CONSELHO EDITORIAL

Diretor
Gilberto Gonçalves Garcia

Editores
Aline dos Santos Carneiro
Edrian Josué Pasini
Marilac Loraine Oleniki
Welder Lancieri Marchini

Conselheiros
Francisco Morás
Ludovico Garmus
Teobaldo Heidemann
Volney J. Berkenbrock

Secretário executivo
Leonardo A.R.T. dos Santos

Diagramação: Daniela Alessandra Eid
Revisão gráfica: Alessandra Karl
Capa: Editora Vozes
Ilustração de capa: Lúcio Américo de Oliveira

ISBN 978-65-5713-237-1

Editado conforme o novo acordo ortográfico.

Este livro foi composto e impresso pela Editora Vozes Ltda.

Sumário

Prefácio, 7

1. Retiro de subdiaconato, 11

2. Retiro de diaconato, 17

   Eleição de retiro de diaconato, 38

3. Retiro de ordenação sacerdotal, 41

   Atos dos Apóstolos, Epístolas, Apocalipse, 43

   Cântico dos Cânticos, 58

   Santos Evangelhos, 62

   Eleição de retiro de ordenação sacerdotal, 66

4. Retiro em Beni Abbès, 1902, 73

5. Retiro em Beni Abbès, 1903, 103

6. Retiro em Beni Abbès, 1904, 107

7. Retiro em Ghardaia, 1905, 137

   *Exame dos três anos 1902, 1903, 1904 e de
   minha vida em Beni Abbès*, 172

8. Resoluções dos retiros anuais de 1906, 1907, 1908,
1909, 185

Notas de retiros, 189

Prefácio

"Eles então arrastaram seus barcos para a praia, deixaram tudo e o seguiram" (Lc 5,11).

Se há alguém que levou às ultimas consequências este trecho do Evangelho é Charles de Foucauld. Nele percebe-se a radicalidade de vida, uma busca humana e espiritual sem concessões. Seu itinerário de vida – marcado pela experiência da orfandade, do abandono, da solidão, mas também da fé, do encontro com o Invisível, na companhia dos pobres – irá tecer a trama e o drama de vida de um homem que se abriu ao Divino na busca da face de Jesus de Nazaré que guiará suas escolhas a partir do Evangelho.

É disto que se trata este *A sós com Deus,* fruto de sua experiência assídua e amorosa ao Evangelho. Não um tratado de teologia espiritual ou de experiências místicas profundas como as de João da Cruz ou Teresa D'Ávila que foram seus companheiros nesta jornada. Sua mística é apenas aquela de deixar-se seduzir pelo Evangelho, o que não é pouca coisa.

A aventura dessa busca que se inicia nas areias do deserto do Saara, quando contempla emocionado a oração de um muçulmano que se prostra em adoração o levará gradativamente à descoberta do Deus próximo, cheio de amor e misericórdia na pessoa de Jesus.

É no mesmo deserto da Argélia, deserto geográfico, ponto de chegada de sua missão, que recordará mais tarde, agradecido, a manifestação do amor de Deus nos acontecimentos e nas pessoas com quem se encontrou pelo seu caminho: a devoção dos muçulmanos; as conversas espirituais com a prima Marie de Bondy; a amizade com o padre Huvelyn, que o introduz nos caminhos do Evangelho. Depois, a entrada e posterior saída da Trapa como possibilidade de ocupar o último lugar, o tempo que passa com as Clarissas, em Nazaré, como jardineiro, sua ordenação sacerdotal e por fim sua estada no deserto do Saara onde encontrará seu martírio, vítima de contendas políticas alheias ao que buscava. Em todos estes acontecimentos um diálogo constante com o Cristo através do Evangelho. Aqui brotam tão simples e singelas suas meditações, fruto dos retiros que fez ao longo da vida *A sós com Deus.*

Outro elemento a se destacar é que a experiência contemplativa do eremita do deserto é uma mistura de amor a Deus na contemplação do Evangelho e a imitação da vida de Jesus em Nazaré na solidariedade ativa aos últimos, os que em sua época não contavam: os tuaregues, nômades do deserto.

Neste *A sós com Deus* percebe-se o motivo de sua aventura espiritual: deixar-se interpelar por este Jesus de Nazaré. Não deixará de admitir: "eu não poderia viver senão só para Ele".

Ao revisitar a vida de Charles de Foucauld múltiplas dimensões vão aparecendo: é o eremita do Saara que fez da solidão eremítica um meio de encontro com Deus, mas que ao mesmo tempo reconstrói seu pequeno eremitério derrubando as paredes que o separam dos vizinhos; paredes físicas e espirituais símbolo de uma espiritualidade fechada em si mesma. Ao derrubar as paredes de sua pequena casa prenuncia uma nova maneira de evangelizar através do apostolado da amizade.

Em sua vasta correspondência com amigos e parentes, nas suas meditações sobre o Evangelho, nos seus retiros como este *A sós com Deus,* descortina-se sua regra de vida suprema: perguntar-se em qualquer situação: o que faria Nosso Senhor? (*Notas esparsas,* junho de 1897).

Não é uma espiritualidade de rodeios, de floreios, de devoções vazias. Seu caminho: "voltemos sempre a Nazaré" onde se vive o Evangelho no cotidiano, no abjeto sem grandes planos.

Os retiros são fruto de sua intensa paixão pelas coisas do Reino e ao mesmo tempo expressam a realidade de um místico que fez de sua vida a busca do último lugar junto às minorias abraâmicas, para usar a bela expressão de dom Helder Camara.

A "via espiritual" de Foucauld traz um novo sabor na medida em que faz questão de permanecer na presença de Deus e diante dos homens e mulheres de seu tempo. A ascese espiritual a que nos convida é um misto de disciplina na oração, mas que pode ser interrompida para atender as necessidades e angústias dos que chegam: "o dia inteiro é um entra e sai na casinha que construí" e emenda com alegria: "começam a chamar minha casa de fraternidade".

Os retiros, o estar *A sós com Deus* se inserem na vida doada sem medida, como reza a bela *Oração do abandono* de sua autoria. É uma vida misturada com questões bem concretas: a amizade com quem não é cristão, o acolhimento aos soldados franceses a quem repreende por desrespeitarem seus vizinhos, a proximidade com os chefes tribais, a preocupação com os escravos, as longas noites de conversação com os nômades, a preocupação em recolher as poesias e as histórias dos tuaregues.

É este irmão universal que passa a noite em contemplação diante do santíssimo Sacramento e que vive de portas abertas aos que chegam. Ele integra as dimensões do Sacramento da Eucaristia e da proximidade samaritana. Em uma bela meditação ele intui que é o mesmo Cristo que disse "Isto é meu corpo... Eu tive fome..."

Com este *A sós com Deus*, juntamente com a obra *Aos meus irmãozinhos,* a Editora Vozes nos oferece a oportunidade de conhecer o caminho espiritual trilhado por Charles de Foucauld e pela sua família espiritual no Brasil. A obra é oportuna também pela proximidade de sua canonização já aprovada pelo papa Francisco.

Uma última observação. A introdução deste volume feita por Maurice Bouvier, postulante da causa de beatificação de Charles de Foucauld, nos introduz não somente na leitura dos retiros, mas é também um pequeno guia para conhecer a vida daquele que, como diz o papa Francisco, "soube viver a fraternidade a ponto de entregar a própria vida como irmão universal" (*Fratelli Tutti*).

Diante de uma infinidade de projetos de evangelização, de formas de espiritualidade as mais diversas, Charles de Foucauld nos lembra do valor das pequenas coisas. Suas palavras ecoam até nossos dias: "a pobreza e em geral os meios pobres são os que melhor revelam a divindade de Jesus".

Miguel Savietto
Fraternidade Leiga Charles de Foucauld

1

Retiro de subdiaconato

IESUS

CARITAS

Retiro de subdiaconato[1]

> *Vescebantur voluptuose,*
> *et amplexati sunt stercora*[2]
> (Jer.)

1. *Eleição. Quis?* Este pecador. Este convertido, cumulado de tantas graças e tão pouco fiel. Este pobre operário, devotado à imitação da vida oculta de Jesus.

Quid? Um casamento. Um elo conjugal vinculando-me para sempre ao Bem-amado Jesus. (Entrega do corpo: voto de castidade). Buquê diário, símbolo de um amor eternamente jovem: ofício canônico... Véu, túnica e cinto nupciais: amicto, alva e cordão... Deveres de esposa: *amar* o Esposo; *obedecer*-lhe; *imitá-lo*; fazer-lhe *fiel companhia*;

---

1. A ordenação para o subdiaconato teve lugar na cidade de Viviers, sul da França, em 22 de dezembro de 1900, sábado de têmporas. Foi conferida por Mons. Montéty, lazarista, ex-missionário, arcebispo titular de Béryte. Charles de Foucauld foi ordenado *ad titulum patrimonii*, ou seja, sem imposição de posto ou de função.

2. "Alimentavam-se de manjares requintados e abraçam lixo" (Lm 4,5).

sacrificar-se inteiramente por ele; *cuidar dos filhos e da casa* (edificação das almas e serviços do santo altar).

Ubi? Neste momento, em Viviers. Em seguida, onde decidir meu diretor espiritual, intérprete de Deus (onde o Esposo me chamar... Onde ele for mais glorificado por minha presença... Onde eu puder fazer o maior bem para as almas... Onde eu puder *fundar os Eremitas do Sagrado Coração*: primeiro na Terra Santa, porque é a terra de Jesus; porque foi de lá que nos veio "toda graça"; e'm Betânia, porque é um dos mais santos entre os lugares santos, e o mais abandonado; na Terra Santa também por causa do serviço militar[3]. Depois, se aprouver a Deus, na África saariana, onde tantas e tantas almas estão sem evangelizador e onde monges, eremitas do Sagrado Coração, fariam tanto bem... Onde eu puder "amar Jesus com o amor maior"... em terra de Missão... Onde eu puder ficar dia e noite aos pés do Santíssimo Sacramento, ter clausura, silêncio, distanciamento de todo assunto temporal, uma vida totalmente contemplativa... Tudo o mais sendo igual, o lugar mais piedoso).

Quibus auxiliis? Deus... A santíssima Virgem... São José e santa Maria Madalena... Meu anjo da guarda... São João Batista... São Pedro, são Paulo, são Miguel arcanjo, santo Agostinho, santa Teresa... a bem-aventurada Margarida Maria, as venerá-

---

3. O governo francês havia obrigado o clero e os religiosos a prestarem o serviço militar (1880-1883); em caso de residência no exterior, era possível conseguir dispensa. Charles de Foucauld faz alusão a isso em sua correspondência.

veis mártires de Compiègne[4]... Ven. Jean-Marie du Lau[5], Ven. Armand de Foucauld[6], mártires... Ven. Charles de F., Ven. Régis de B[7]... Ven. Catherine Emmerich[8], Ven. Norbert[9]... todos os santos e todos os anjos,... o senhor abade Huvelin e D. Martin[10]... todos os que me amam e oram por mim... Mons. Bonnet[11]...

---

4. Dezesseis carmelitas de Compiègne morreram na guilhotina em 17 de julho de 1794, às vésperas da queda de Robespierre. Ao pé do cadafalso elas renovaram seus votos religiosos e entoaram o *Veni Creator*, que só silenciou com a última. Foram beatificadas por Pio X (1906). Gertrude von Le Fort e Georges Bernanos (*Dialogue des Carmelites*) exaltaram seu martírio.

5. Monsenhor Jean-Marie du Lau, arcebispo de Arles desde 1775, foi massacrado no convento dos carmelitas em Paris, em 2 de setembro de 1792. A família de Charles de Foucauld tinha relações de parentesco com a desse prelado mártir.

6. Armand de Foucauld de Pontbriand, cônego de Meaux, onde fora ordenado em 1774, vigário-geral de seu primo Jean-Marie du Lau, com o qual foi massacrado no jardim do convento dos carmelitas em 2 de setembro de 1792, era tio-bisavô de Charles de Foucauld.

7. Evocação de duas crianças mortas poucos dias depois de batizadas: Charles de F[oucauld], falecido em 1857, era o irmão mais velho de nosso Charles; Régis de B[lie], falecido em fevereiro de 1900, era um sobrinho.

8. Anne Catherine (ou Anna Katharina) Emmerich (1774-1824), visionária estigmatizada da Westfália. Suas revelações sobre a vida e a paixão de Cristo foram escritas pelo poeta alemão Clemens (ou Clément) Brentano e sensibilizaram muitas almas.

9. Trata-se do frade Norbert, de Notre-Dame des Neiges, irmão converso cego, muito piedoso; morreu em 11 de dezembro de 1900, nos braços de Charles de Foucauld, que o velava. Foucauld fala dele diversas vezes em sua correspondência.

10. Dom Joseph Martin (1856-1908), o segundo abade de Notre-Dame des Neiges.

11. Monsenhor Bonnet, nascido em 1835 em Langogne (Lozère), a 20km de Notre-Dame des Neiges, e falecido em 21 de maio de 1923, sagrou-se bispo de Viviers em 21 de agosto de 1876, com 41 anos. Recebeu Char-

Cur? Para proporcionar a maior glória possível a Deus, a Jesus, e proporcionar o maior bem possível às almas... (1º pela oferenda do Santo Sacrifício; 2º à medida que agradar ao Esposo, pelo cumprimento dos outros deveres do sacerdócio, e principalmente pelo estabelecimento dos *eremitas do Sagrado Coração de Jesus*; 3º por minha mais perfeita santificação)... Porque meu diretor me disse que esse era meu dever... Para unir-me a Deus o máximo possível.

Quomodo? Com amor, *abnegação e pura vontade do bem do Esposo, resolução de sacrificar-me* inteiramente para proporcionar seu bem, *coragem, humildade, confusão, gratidão, felicidade.*

Quando? Sábado, 22 de dezembro de 1900, durante o santo período do Advento, perto do dia da *chegada da Sagrada Família a Belém.*

2. *Buquê Espiritual.* Vescebantur voluptuose, et amplexati sunt stercora (Jeremias).

3. *Resolução.* Pensar em meus *deveres de esposa* e ser fiel a eles, antes, durante e depois de todos meus atos.

4. *Pedido.* "Santificado seja vosso nome!"

---

les de Foucauld em seu clero e ambos mantiveram profundas relações mútuas de amizade e estima.

2

Retiro de diaconato

IESUS

CARITAS

Retiro de diaconato

> *Qui dicit se in ipso manere, debet,*
> *sicut ille ambulavit,*
> *et ipse ambulare*[12] (1Jo 2,6).

C. 1º Caridade para com o próximo (espiritual e material)

R. 2º Renúncia, abandono

E. 3º Santa Eucaristia

S. 4º Sacrifício (cruz, martírio)

1. Epístola de são João *(inteira)*

C. 1Jo 2,9. Quem diz que está na luz, mas odeia seu irmão, ainda está nas trevas. 10. Quem ama o irmão está na luz e não há nele pedra de tropeço.

---

12. "Quem diz que permanece em Deus deve também andar como Jesus andou."

Afora algumas exceções, indicadas quando ocorrem, todas as citações bíblicas das páginas seguintes foram transcritas em latim por Charles de Foucault.

As abreviações na margem (C., R., E., S.) remetem aos quatro temas indicados no início deste retiro.

R. 1Jo 2,15. Não ameis o mundo nem as coisas que há no mundo. Se alguém ama o mundo, o amor do Pai não está nele. 16. Pois tudo o que há no mundo – a concupiscência da carne, a cobiça dos olhos e o orgulho da riqueza – não vem do Pai, mas do mundo.

C. 1Jo 3,10. Quem não pratica a justiça e quem não ama seu irmão não é de Deus. 11. Porque a mensagem que ouvistes desde o princípio é esta: que nos amemos uns aos outros. 14. Nós sabemos que passamos da morte para a vida, porque amamos nossos irmãos. Quem não ama permanece na morte. 15. Quem odeia seu irmão é homicida. 16. Nisto conhecemos o amor: Jesus deu sua vida por nós. Também nós devemos dar a vida por nossos irmãos. 17. Se alguém possui riquezas neste mundo e vê o irmão passando necessidade, mas fecha o coração diante dele, como pode estar nele o amor de Deus? 18. Filhinhos, não amemos com palavras e com a língua, mas com obras e com verdade. 23. Seu preceito é que creiamos no nome de seu Filho, Jesus Cristo, e nos amemos uns aos outros, conforme o mandamento que ele nos deu. 4,7. Caríssimos, amemo-nos uns aos outros, porque o amor vem de Deus, e quem ama nasceu de Deus e conhece Deus. 8. Quem não ama não conheceu Deus, porque Deus é amor. 9. Ele manifestou seu amor por nós enviando ao mundo seu Filho unigênito, para que tenhamos a vida por meio dele. 10. E esse amor consiste nisto: não fomos nós que amamos a Deus, foi ele que nos amou e nos enviou seu Filho para pagar por nossos pecados. 11. Caríssimos, se Deus nos amou assim, também nós devemos amar-nos uns aos outros. 12. Ninguém jamais viu Deus. Se nos amarmos uns aos outros,

Deus permanece em nós e seu amor é perfeito em nós. 13. Sabemos que estamos nele e ele em nós porque ele nos dá seu espírito... 16. Deus é amor, e quem permanece no amor permanece em Deus, e Deus nele. 20. Se alguém disser: "Amo a Deus", mas odiar seu irmão, é mentiroso. Pois quem não ama seu irmão, a quem vê, como pode amar a Deus, a quem não vê? 21. E recebemos dele este mandamento: "Quem ama a Deus ame também seu irmão"... 5,1. Quem crê que Jesus é o Cristo nasceu de Deus, e quem ama aquele que o gerou ama também quem dele foi gerado. 2. Nisto conhecemos que amamos os filhos de Deus: se amamos a Deus e cumprimos seus mandamentos. 3. Pois amar a Deus é respeitar seus mandamentos...

2. Santo Evangelho de Jesus Cristo segundo João *(inteiro)*

R. S. Jo 1,43. "Segue-me."

E. C. Jo 2,1. No terceiro dia houve um casamento em Caná da Galileia, e a mãe de Jesus estava presente. 2. Jesus e os discípulos também foram convidados para esse casamento. 3. Tendo acabado o vinho, a mãe de Jesus lhe disse: "Eles não têm mais vinho". 4. Jesus respondeu: "Mulher, o que há entre mim e ti? Minha hora ainda não chegou". 5. Sua mãe disse aos que estavam servindo: "Fazei tudo o que ele vos disser." 6. Havia ali seis talhas de pedra para as purificações dos judeus; em cada uma cabiam duas ou três medidas. 7. Jesus disse: "Enchei de água as talhas". Eles as encheram até a borda. 8. Então Jesus disse: "Tirai agora um pouco e levai ao mestre-sala". Eles levaram. 9. Logo que o mestre-sala provou da água transformada em vinho (ele não sabia de onde vinha, mas os que serviam sabiam, pois tinham tirado a água), chamou o noivo 10. e disse-lhe: "Todos servem primeiro o vinho bom e quando já se bebeu muito servem o inferior; tu, porém, guardaste o vinho bom até agora". 11. Esse foi o primeiro dos sinais de Jesus, em Caná da Galileia.

S. Jo 3,14. Como Moisés levantou a serpente no deserto, assim também é preciso que o Filho do homem seja levantado.

C. Jo 4,50. "Vai, teu filho está passando bem"... 5, 8. "Levanta-te, pega teu leito e anda".

E. C. Jo 6,5. Jesus ergueu os olhos e, ao ver a grande multidão que vinha ter com ele, disse a Filipe: "Onde compraremos pão para dar de comer a essa gente?"... 8. Um de seus discípulos, André, irmão de Simão Pedro, disse: 9. "Está aqui um menino que tem cinco pães de cevada e dois peixes; mas o que é isso para tanta gente?" 10. Disse Jesus: "Fazei todos sentarem no chão". Havia naquele lugar muita grama. Sentaram-se, pois, em número de uns cinco mil. 11. Então Jesus tomou os pães, deu graças e distribuiu-os entre os que estavam sentados; fez o mesmo com os peixes, dando-lhes quanto queriam. 12. Depois de saciados, ele disse aos discípulos: "Recolhei os pedaços que sobraram, para não se perderem". 13. Eles os recolheram e encheram doze cestos de pedaços que sobraram dos cinco pães de cevada, depois de todos comerem.

R. Jo 6,15. Jesus retirou-se de novo, sozinho, para o monte.

E. Jo 6,27. Trabalhai não pelo alimento que perece e sim pelo alimento que permanece para a vida eterna e que o Filho do homem vos dará. 32. Moisés não vos deu o pão do céu; é meu Pai que vos dá o verdadeiro pão do céu. 33. Pois o pão de Deus é o pão que desce do céu e dá vida ao mundo... 35. Eu sou o pão da vida. Quem vem a mim nunca terá fome... 48. Eu sou o pão da vida. 49. Vossos pais comeram o maná no deserto e estão mortos. 50. Este é o pão que desceu do céu, para que não morra quem dele comer. 51. Eu sou o pão vivo que desceu do céu. Quem comer deste pão viverá eternamente; e o pão que vos darei é minha carne para a salvação do mundo. 53. Em verdade, em verdade vos digo: se não comerdes a carne do Filho do homem e não beberdes seu sangue, não tereis vida em vós. 54. Quem come minha carne e bebe meu sangue tem a vida eterna e eu o ressuscitarei no último dia. 55. Pois minha carne é verdadeiramente uma comida e meu sangue é verdadeiramente uma bebida. 56. Quem come minha carne e bebe meu sangue *permanece em mim, e eu nele.* 57. Assim como o Pai, que vive, me enviou e eu vivo pelo Pai, assim também *quem comer minha carne viverá por mim.* 58. Este é o pão que desceu do céu: não é como o pão de vossos pais, que comeram o maná e estão mortos. Quem comer deste pão viverá eternamente.

C. Jo 7,14. Jesus subiu ao templo e começou a ensinar... 8, 2. Ele voltou ao templo... E, sentado, ensinava-lhes...

S. Jo 8,28. Quando tiverdes levantado o Filho do homem, sabereis que eu sou... 40. Quereis tirar-me a vida... 59. Então eles pegaram pedras para atirar em Jesus.

C. Jo 9,6. Passou a lama nos olhos do cego. 7. E disse-lhe: "Vai lavar-te na piscina de Siloé".

C. S. Jo 10,11. *O bom Pastor dá a vida por suas ovelhas...* 14. Eu sou o Bom Pastor... 15. Eu dou minha vida por minhas ovelhas... 17. Meu Pai me ama porque dou minha vida. 18. Sou eu mesmo que a dou... essa foi a ordem que recebi de meu Pai.

S. Jo 10,20. Muitos deles diziam: "Ele está possuí-do por um demônio, ele perdeu o juízo"... 31. Os judeus apanharam novamente pedras para apedre-já-lo. 39. Novamente tentaram prendê-lo.

C. Jo 11,33. Jesus, vendo-a chorar,... comoveu-se em espírito e deixou-se levar pela emoção... 35. Jesus chorou... 38. Então Jesus, novamente se comovendo dentro de si, foi até o sepulcro... 43. "Lázaro, vem para fora!"

S. Jo 11,51. Ele profetizou que Jesus iria morrer pela nação; 52. e não só pela nação, mas também para reunir em um só corpo os filhos de Deus que estão dispersos.

S. Jo 11,53. A partir desse dia planejaram tirar--lhe a vida.

S. Jo 12,23. É chegada a hora em que o Filho do homem deve ser glorificado. 24. Em verdade, em verdade vos digo: *se o grão de trigo não cair na terra e não morrer, 25. ficará só; mas, se morrer, produzirá muito fruto.* 25. Quem ama sua vida vai perdê-la; mas quem não se apega à vida neste mundo vai guardá-la para a vida eterna. 26. *Se alguém quiser me servir, siga-me.*

S. Jo 12,27. Pai, livra-me desta hora... mas é para isso que vim, para esta hora. 28. Pai, glori-fica teu nome.

S. Jo 12,32. E quando eu for levantado da terra atrairei todos a mim. 33. Jesus dizia isso para indicar de que morte haveria de morrer.

E. Jo 13,1. Antes da festa da Páscoa, sabendo Jesus que tinha chegado sua hora de passar deste mundo para o Pai e tendo amado os seus que estavam no mundo, amou-os até o fim.

C. Jo 13,5. Ele começou a lavar os pés dos discípulos... 15. Dei-vos o exemplo para que façais o mesmo que vos fiz.

S. Jo 13,30. Judas pegou o pedaço de pão e saiu imediatamente. Era noite. 31. Quando Judas saiu, disse Jesus: "Agora o Filho do homem foi glorificado, e Deus foi glorificado nele. 32. Se Deus foi glorificado nele, Deus também o glorificará em si mesmo, e o glorificará em breve".

C. Jo 13,34. Dou-vos um mandamento novo: que vos ameis uns aos outros; assim como eu vos amei, amai-vos também uns aos outros. 35. Todos saberão que sois meus discípulos, se vos amardes uns aos outros.

C. R. Jo 14,6. Eu sou o caminho, a verdade e a vida.

E. S. Jo 14,18. Não vos deixarei órfãos: voltarei para vós.

E. Jo 14,19. Dentro em breve o mundo não me verá mais; vós, porém, me vereis.

E. Jo 14,20. Nesse dia sabereis que eu estou em meu Pai, vós em mim e eu em vós.

E. Jo 14,21. Quem me ama será amado por meu Pai, e eu também o amarei e me manifestarei a ele.

E. Jo 14,23. Se alguém me ama, guardará minha palavra; meu Pai o amará, viremos a ele e nele faremos nossa morada.

E. Jo 14,28. Eu vou, mas volto para vós.

E. Jo 15,1. Eu sou a videira verdadeira e meu Pai é o agricultor. 2. Todo ramo que, estando em mim, não dá fruto ele corta, e poda todo aquele que dá fruto, para que dê mais... 4. Permanecei em mim e eu permanecerei em vós. Assim como o ramo não pode dar fruto por si mesmo, se não permanecer unido à videira, também vós não o podeis, se não permanecerdes em mim. 5. Eu sou a videira, vós sois os ramos. Quem permanece em mim, e eu nele, dá muito fruto; pois separados de mim nada podeis fazer. 6. Quem não permanecer em mim será lançado fora, como o ramo, e secará; depois será juntado, jogado no fogo e queimado. 7. Se permanecerdes em mim e minhas palavras permanecerem em vós, pedireis tudo o que quiserdes, e vos será dado.

C. Jo 15,12. Este é meu mandamento: amai-vos uns aos outros como eu vos amei.

S. Jo 15,13. *Não há amor maior do que dar a vida pelos amigos.*

C. Jo 15,17. É isto que vos mando: que vos ameis uns aos outros.

E. Jo 16,16. Ainda um pouco de tempo e não me vereis mais; um pouco mais de tempo e tornareis a ver-me.

E. Jo 16,22. Estais aflitos agora, mas vos verei de novo. Então vosso coração se alegrará e ninguém poderá tirar-vos a alegria.

S. Jo 16,33. No mundo tereis atribulações. Mas tende coragem, eu venci o mundo.

C. Jo 17,11. Que eles sejam um, como nós.

C. Jo 17,21. Para que todos sejam um, como tu, Pai, és em mim e eu em ti; que também eles sejam um em nós.

C. Jo 17,22. Que eles sejam um como nós somos um.

E. C. Jo 17,23. Eu neles e tu em mim, para que sejam perfeitos em unidade.

E. Jo 17,26. Que o amor com que me amaste esteja neles, e que eu também esteja neles.

S. Jo 18,11. Guarda tua espada. Então não haverei de beber o cálice que meu Pai me deu?

R. Jo 18,36. Meu reino não é deste mundo.

S. Jo 19,1. Então Pilatos mandou flagelar Jesus.

S. Jo 19,2. Os soldados teceram uma coroa de espinhos, que puseram em sua cabeça... 3. ... e o esbofeteavam.

S. Jo 19,6. Eles gritaram: "Crucifica-o, crucifica-o!" 15. "Fora com ele! Crucifica-o!"

S. Jo 19,17. Jesus, carregando sua cruz, chegou ao lugar chamado Calvário, fora da cidade,

S. Jo 19,18. Ali o crucificaram.

R. Jo 19,23. Os soldados pegaram as vestes dele e dividiram-nas em quatro partes, uma para cada um.

C. Jo 19,27. Ele disse para o discípulo: "Eis aí tua mãe".

R. Jo 19,28. Para que as Escrituras se cumprissem plenamente, Jesus disse: "Tenho sede". 29... Os soldados espetaram numa vara de hissopo uma esponja embebida em vinagre e aproximaram-na da boca dele.

S. Jo 19,30. Inclinando a cabeça, ele entregou o espírito.

E. Jo 19,34. Um dos soldados transpassou-lhe o lado com sua lança, e prontamente saíram sangue e água.

C. Jo 20,17. Vai a meus irmãos e dize-lhes: "Subo para o Pai meu e vosso".

E. Jo 21,9. Viram brasas acesas e peixe sobre elas, e pão...12. Jesus lhes disse: "Vinde comer"... 13. Jesus aproximou-se, tomou o pão e deu-o para eles, e também o peixe.

C. Jo 21,15. "Apascenta meus cordeiros"... 16. "Apascenta meus cordeiros"... 17. "Apascenta minhas ovelhas".

S. Jo 21,18. Quando eras jovem, tu mesmo te cingias e ias aonde querias. Quando envelheceres, estenderás as mãos, outro te cingirá e te levará para onde não desejarás ir. 19. Disse isso para indicar com que morte Pedro haveria de glorificar a Deus. Depois de assim falar, acrescentou: "Segue-me"... 22. "Segue-me tu".

3. A *figura* da *prima tonsura e das quatro ordens menores* é a **vida oculta de Nosso Senhor desde sua Encarnação até seu batismo**.

A *figura* do *subdiaconato* é o **jejum de Nosso Senhor no deserto durante quarenta dias**.

A *figura* do *diaconato* é a **vida pública de Nosso Senhor desde seu jejum no deserto, exclusivamente, até a Ceia, exclusivamente**.

A *figura* do *sacerdócio* são os **últimos momentos da vida de Nosso Senhor desde a Ceia, inclusive, até seu último suspiro**.

O *dever especial* da *prima tonsura e das quatro ordens menores* é *"**ter sua vida oculta com Cristo em Deus**"* [13].

O *dever especial* do *subdiaconato* é a **renúncia** a todas as criaturas.

O *dever especial* do *diaconato* é a **caridade** para com o próximo.

O *dever especial* do *sacerdócio* é o **sacrifício** de Jesus no Altar e de si mesmo na cruz.

Portanto, os *tonsurados* e os *menoristas* devem: levar uma "vida oculta com Cristo em Deus", como a de Nosso Senhor no regaço de sua Mãe em Belém, no Egito, em Nazaré... na obscuridade, na prece, na obediência, no trabalho, na humildade, na pobreza, no silêncio, no retiro, na contemplação divina.

Os *subdiáconos* devem: renunciar a tudo que é criado, como Nosso Senhor no deserto, pela mortificação, pela perfeita pobreza, pela perfeita castidade, pela solidão, pela separação da família e do mundo, pela morte a tudo que não for Deus, pela perda total de sua vontade na vontade divina, de seu coração no amor divino, de sua mente na contemplação divina, de sua memória na esperança da posse de Deus. Devem guardar as virtudes próprias da prima tonsura e das

---

13. Cf. Cl 3,3.

ordens menores e acrescentar a elas as virtudes próprias do subdiaconato.

Os *diáconos* devem: devotar-se à salvação das almas como Jesus em sua vida pública; não se limitar a distribuir-lhes o pão da palavra divina, ou o pão material, ou o pão eucarístico e sim dar-lhes, tanto quanto deles depender, todos os três, a exemplo de Jesus: eles são as *mãos* de Jesus; é por meio deles que Jesus distribui os três pães com que nos alimenta, pão material, pão da palavra divina, pão da santa Eucaristia: devem ter a caridade, a beneficência, a bondade que animam as *mãos* de Jesus... Devem lembrar-se de que o nome de Jesus significa a missão especial dele e a deles, a da cabeça e a dos membros, e de que esse nome quer dizer "Salvador"... Devem, como Jesus, cruzar esta terra fazendo o bem e curando toda fraqueza e todo mal moral ou material, tanto quanto depender deles... devem, como Jesus, "não ser servido e sim servir e dar a vida pela redenção de todos"; devem, como Jesus, "acender o fogo na Terra e ter um único desejo, o de que esse fogo se espalhe"... devem ser *benfazejos* como as *mãos* de Jesus e, como elas, distribuir em profusão, na maior medida possível, o *pão da palavra divina* ("praedicate"), que compreende todas as obras de pregação, orientação, evangelização, cuidados espirituais dados às almas; o *pão material* ("sanate"), que compreende todas as obras de misericórdia externas, consolação dos aflitos, atendimento aos doentes, esmolas, hospitalidade, educação das crianças, enfim, tudo o que servir para consolar os homens em suas atribulações temporais; e o *pão eucarístico* sempre que as almas estiverem aptas a beneficiar-se dele... Os diáconos devem ser as *mãos* de Jesus, os distribuidores de seus *três pães* e terem a beneficência e a *caridade* que convêm às *mãos* do Salvador.

Os *sacerdotes* devem: oferecer Jesus a seu Pai no altar, para sua glória e para salvação dos homens na santa Eucaristia, como ele se ofereceu na Ceia; e devem oferecer-se com Jesus a seu Pai para glória dele, para glória de Jesus e para salvação dos homens na cruz, sofrendo com Jesus a agonia, a paixão e a morte, à medida que aprouver a Jesus chamá-los para partilharem seu cálice e serem vítimas com ele.

Os *subdiáconos* devem ter todas as virtudes próprias dos tonsurados e dos menoristas e acrescentar a elas as que são próprias dos subdiáconos.

Os *diáconos* devem ter todas as virtudes próprias dos tonsurados e dos menoristas, as que são próprias dos subdiáconos e acrescentar a elas as que são próprias dos diáconos.

Os *sacerdotes* devem ter todas as virtudes próprias dos tonsurados e dos menoristas, as que são próprias dos subdiáconos, as que são próprias dos diáconos e acrescentar a elas as que são próprias dos sacerdotes.

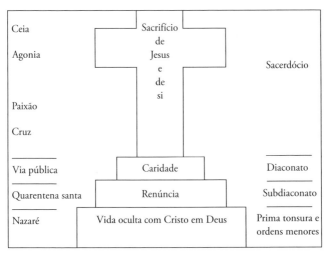

ou então, em outras palavras:

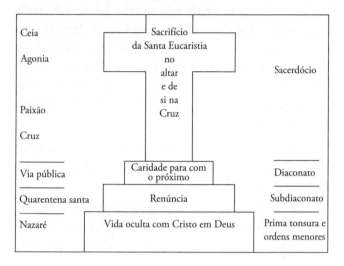

O *chamado*, a *vocação* para as diversas ordens encontra-se, *no Evangelho*, indicado ou figurado pelas seguintes palavras:

Vocação, chamado para a *tonsura e as ordens menores*: "Portanto, sede perfeitos como vosso Pai celeste é perfeito" (Mt 5,48)... "Dai a Deus o que é de Deus" (Mc 12,17)... "Amarás o Senhor teu Deus com todo teu coração, com toda tua alma, com todo teu entendimento e com todas tuas forças" (Mc 12,30)... Se alguém quiser me servir, siga-me" (Jo 12,26)... "Eu sou o caminho, a verdade e a vida" (Jo 14,6)... "Eu sou a luz do mundo; quem me seguir não andará nas trevas, mas terá a luz da vida" (Jo 8,12).

Vocação, chamado para o *subdiaconato*: Mt 4,18-22.

Vocação, chamado para o *diaconato*: Lc 9,1-5.10-17.

Vocação, chamado para o *sacerdócio*: Lc 22,19.

4. O principal *dom do Espírito Santo* a ser pedido a Deus no *diaconato* é o dom da "*piedade*" (no sentido de "bondade, caridade") para com o próximo (pois a caridade para com o próximo, a beneficência, é o dever próprio do diaconato) e para com Deus (pois o perfeito amor a Deus é **o único** capaz de inspirar-nos um perfeito amor ao próximo).

5. Na *prima tonsura* e nas *ordens menores* a alma é constituída **irmãozinho** *de Jesus*, vivendo a seus pés entre a santa Virgem e são José, como seu irmão menor, sob o teto da santa casa de Nazaré, durante toda sua vida oculta.

No *subdiaconato* a alma se entrega total e indissoluvelmente a Jesus como esposa, faz-lhe sua declaração de amor e jura-lhe pertencer para sempre unicamente a ele. Jesus recebe e aprova bondosamente seus juramentos e suas promessas, e consente que ela viva unicamente para ele e o ame com todo o ardor de seu coração: aceita a doação total que ela lhe faz de si mesma e leva-a consigo para a solidão, como uma **esposa** fiel, à qual se digna permitir que o siga e o sirva durante todos os instantes de sua vida, em todas as épocas, em todos os lugares, e que partilhe continuamente sua existência. Mas, ao mesmo tempo que aceita a alma como **esposa** e aprova a doação que ela lhe faz de seu amor e de todo seu ser, ele mesmo ainda não se entrega a ela.

No *diaconato*, Jesus *se entrega à alma* cujo amor aceitou no subdiaconato, mas *se entrega a ela raramente, acidentalmente, extraordinariamente*: é um favor infinito, incomparável, é o céu: a alma segura nas mãos Jesus, seu Esposo, como Maria e José seguravam Jesus menino: mais feliz que santa Madalena, Jesus não lhe diz "Noli me tangere" e sim abandona-se a ela plenamente, completamente, como o Esposo se entrega à Esposa; entretanto, só lhe concede esse favor raramente, com longos intervalos, extraordinariamente.

No *sacerdócio* Jesus escolhe a alma à qual se entregou rara e extraordinariamente no diaconato, como *esposa favorita, dando-lhe todos os direitos de esposa, direitos completos e habituais, direitos permanentes* e de todos os instantes sobre seu corpo e sua alma; entrega-se a ela não mais extraordinariamente, mas todo dia: a alma tem todos os direitos de esposa, direitos permanentes sobre o corpo do esposo divino, direitos sobre sua alma (pois ele responde a seu chamado, vem quando ela o chama, perdoa quando ela perdoa em seu nome, ratifica os atos que ela realiza em seu lugar), direitos sobre suas riquezas, sobre todos seus tesouros (ela distribui a mancheias os tesouros da graça nos sacramentos), direitos sobre seus filhos (ela tem poder, autoridade para governá-los, perdoá-los, puni-los); enfim, ela tem *todos os direitos da Esposa a quem o Esposo deu plenamente e sem volta tudo o que ele tem e tudo o que ele é.*

6. Ester[14] *criada com cuidado e amor no lar de Mardoqueu* é a figura da alma na *prima tonsura* e nas *ordens menores.*

Ester *tirada de sua família, apartada para ser consagrada ao grande Rei,* passando por uma série de preparações no palácio do Rei para tornar-se digna dele, *mas ainda não admitida em sua presença,* é a figura do subdiaconato.

Ester *da qual o grande Rei se aproximou e se tornou Esposo, mas que ainda só a chama de longe em longe e extraordinarimente, por uma ordem particular e excepcional dele para gozar de suas prerrogativas de esposa,* é a figura do *diaconato.*

---

14. Cf. Livro de Ester.

Ester tornada *esposa favorita e ordinária, podendo aproximar-se do grande Rei diariamente e quando quiser e gozando a seu lado de todos os direitos de esposa,* é a figura do *sacerdócio.*

7. Na *prima tonsura* e nas *ordens menores* a alma é constituída **irmãozinho** de Jesus.

No *subdiaconato* a alma faz a Jesus uma declaração de amor e jura-lhe amar sempre somente a ele e viver unicamente para ele. Jesus aceita esses juramentos, permite que a alma se ligue indissoluvelmente a ele por seus votos, mas, ao mesmo tempo que lhe permite viver apenas para seu amor, não a toma como noiva.

No *diaconato* Jesus celebra seu *noivado* com a alma... Ainda não lhe dá os direitos completos e definitivos sobre seu corpo, mas já lhe concede de longe em longe alguns poderes sobre seu corpo (ocasionalmente, quando lhe apraz, mais ou menos frequentemente, ele lhe dá "um beijo de sua boca"[15], um abraço carinhoso, um aperto de mão).

No *sacerdócio* Jesus celebra seu *casamento* completo e definitivo com a alma.

8. A *grande graça* da *prima tonsura e das ordens menores* é ser constituído **irmãozinho** de Jesus e poder viver dia e noite permanentemente com ele, entre ele e seus santos Pais, no lar de Nazaré: *o tonsurado e o menorista fazem parte da Sagrada Família.*

A *grande graça* do *subdiaconato* é que nele Jesus nos permite amá-lo, aceita a doação total e definitiva de nosso

---

15. Cf. Ct 1,2.

coração, de nossa alma, de nossa mente, de todo nosso ser, e permite-nos jurar-lhe que viveremos unicamente para ele, que o amaremos perfeitamente e pertenceremos unicamente a ele só. *Ele aprova nosso amor.*

A *grande graça* do *diaconato* é que nele Jesus nos permite tocar seu corpo, *tocar a Santa Eucaristia,* de tempos em tempos, às vezes.

A *grande graça* do *sacerdócio* é que nele Jesus nos permite tocar seu corpo, *tocar a Santa Eucaristia todo dia, habitualmente, ordinariamente.*

9. O *dom do Espírito Santo* que peço muito particularmente é o dom da **piedade**.

10. O que *peço* acima de tudo a Deus ao receber o diaconato, como graça particular, após "a glorificação de seu nome, a vinda de seu reino, o cumprimento de sua vontade assim na terra como no céu", é **ser e fazer em todo momento de minha existência o que mais agradar a Deus**... Peço-vos isso com toda minha alma, ó Espírito Santo, em vós, por vós e para vós, pelo Sagrado Coração de Nosso Senhor Jesus; a ele louvor, honra e glória com o Pai e convosco pelos séculos dos séculos. Amém. E peço-vos isso não só para mim, mas também para todos os homens presentes e futuros. Amém.

11. Ó meu Deus, concedei-me a graça de praticar perfeitamente esta recomendação que fazeis aos apóstolos depois de dar-lhes as funções de diácono (Lc 9, 1-17): "*Nada leveis convosco para o caminho, nem bordão, nem alforje, nem pão, nem dinheiro; e nenhum de vós tenha duas túnicas*"... Concedei-me, ó meu esposo

Jesus, a graça de praticar perfeitamente *convosco e como vós* essa *pobreza*, essa *coragem*, essa *confiança* em vós, essa *fé*, esse *abandono* à providência divina... Fazei-me também, meu Deus, praticar perfeitamente, *convosco e como vós*, esta instrução: "Em qualquer casa onde entrardes, permanecei nela, e é dali que partireis", com *humildade, simplicidade, rebaixamento, pobreza, coragem...* Dai-me, Senhor, o espírito de *fé*, pois é o espírito de *fé*, a vida interior de *fé* que dá tudo isso, unida à *esperança* e à *caridade...* fazei-me, ó meu Deus, viver de *fé*, de *esperança* e de *caridade*, para que eu cumpra bem, *da maneira que mais vos agradar, em todos os instantes de minha existência,* todos os deveres do diaconato os quais me impusestes, *a distribuição a todos os homens, na maior medida possível, de vossos três pães, pão da palavra divina, pão de todos os gêneros de esmola material, pão eucarístico, na mesma pobreza que vós, com a mesma coragem que vós, o mesmo abandono que vós à providência divina...* Para que eu cumpra esses deveres que acabais de impor-me, para que eu permaneça sempre repleto do **Espírito Santo** que acabais de dar-me, para que eu seja sempre repleto de **piedade**, para que eu **seja e faça em todo momento de minha existência o que mais vos agradar**: dignai-vos dar-me, dignai-vos aumentar em mim, na maior medida possível, **a fé, a esperança e a caridade**.

IESUS

CARITAS

Eleição de retiro de diaconato
(Sábado de Aleluia, 1901)

> *Qui dicit se in ipso manere,*
> *debet sicut ille ambulavit,*
> *et ipse ambulare*[16] (1Jo 2,6).

"O que agrada mais a Deus que eu faça?"

Aquilo em que estiver o amor maior.

O amor maior está na imitação mais perfeita.

A imitação mais perfeita é imitar perfeitamente Jesus em um dos três gêneros de vida de que ele nos deu exemplo: pregação, deserto, Nazaré.

É certo que não sou chamado para a pregação, pois minha alma não é capaz disso; nem para o deserto, pois meu corpo não pode viver sem comer; portanto, sou chamado para a vida de Nazaré (da qual minha alma e meu corpo são capazes e que me atrai).

Onde encontrarei a imitação mais perfeita da vida de Nazaré?

Nos irmãozinhos do Sagrado Coração de Jesus, e não em outro lugar... Em nenhum outro instituto há essa pobreza, essa humildade, essa penitência, esse retiro, essa simplicidade, essa adoração permanente de Jesus exposto... Numa vida totalmente solitária ou com pouquíssi-

---

16. Cf. nota 12, p. 45.

mos companheiros, faltaria a adoração permanente de Jesus exposto... Numa vida perto de uma comunidade, aproveitando seu ostensório, faltaria o retiro. – Nos irmãozinhos do Sagrado Coração encontra-se tudo o que o amor maior pede: *imitação* (eles procuram imitar Jesus em tudo), *obediência* (empenham-se totalmente em pautar-se pelos preceitos e conselhos de Jesus), *contemplação* (clausura, recolhimento, prece, oração), *sacrifício* (mortificação habitual e, se aprouver a Deus, martírio), *glorificação de Deus* (fazem, para santificação de si mesmos e de todos os homens, todas as obras compatíveis com a vida de Nazaré, todas as que Jesus fez em Nazaré naqueles trinta anos durante os quais tanto glorificou Deus).

Outras almas além da minha são chamadas para a vida dos irmãozinhos do Sagrado Coração de Jesus?

Sim: todas as que são chamadas para a perfeição, para o amor maior, para "seguir" Jesus sem serem chamadas para a pregação nem para o deserto são chamadas para ela, como eu e pelas mesmas razões.

Portanto, *devo empenhar todas minhas forças em viver essa vida dos irmãozinhos do Sagrado Coração, com outras almas*: é isso "o que agrada mais a Deus que eu faça".

3

Retiro de ordenação sacerdotal

IESUS

CARITAS

Retiro sacerdotal

Atos dos Apóstolos, Epístolas, Apocalipse

1. At 21,13. *Quanto a mim, estou pronto não só para ser amarrado, mas também para morrer em Jerusalém pelo nome do Senhor Jesus.*

2. At 23,11. Na noite seguinte, o Senhor apareceu para Paulo e disse-lhe: "Coragem! Assim como deste testemunho de mim em Jerusalém, também precisas dar testemunho de mim em Roma."

3. Rm 5,8. Mas Deus mostra seu amor para conosco pelo fato de Jesus Cristo ter morrido por nós, quando ainda éramos pecadores.

4. Rm 8,6. As inclinações da carne são morte, enquanto as inclinações do espírito são vida e paz.

5. Rm 8,7. As inclinações da carne são hostis a Deus, pois não se submetem à lei divina e nem mesmo o podem.

6. Rm 8,31. Se Deus é por nós, quem será contra nós?

7. *Rm* 8,35. *Quem nos separará do amor de Cristo? A atribulação, ou a angústia, ou a perseguição, ou a fome, ou a nudez, ou o perigo, ou a espada?*

8. Rm 11,36. Dele, por ele e para ele são todas as coisas. Glória a ele em todos os séculos! Amém!

9. Rm 12,1. Oferecei vossos corpos como sacrifício vivo, santo, agradável a Deus; esse é o culto espiritual que lhe deveis.

10. Rm 12,2. Não vos ajusteis aos moldes deste mundo, mas transformai-vos pela renovação de vosso entendimento.

11. Rm 12,5-21. Nós, que somos muitos, somos um só corpo em Cristo, e individualmente somos membros uns dos outros... cuidando de fazer o que é certo diante de todos os homens. Se for possível e quanto depender de vós, vivei em paz com todos. Não vos vingueis vós mesmos, caríssimos: deixai agir a ira (de Deus); pois está escrito: "A mim a vingança, eu é que retribuirei", diz o Senhor. Se teu inimigo tiver fome, dá-lhe de comer; se tiver sede, dá-lhe de beber... Não te deixes vencer pelo mal, mas triunfa do mal com o bem.

12. Rm 13,8. A ninguém fiqueis devendo coisa alguma, a não ser o amor mútuo; pois quem ama seu próximo cumpriu a lei.

13. Rm 13,10. Portanto, o amor é o pleno cumprimento da lei.

14. Rm 14,15. Por tua comida não causes a perda de um homem pelo qual Cristo morreu.

15. 1Cor 2,2. Pois considerei que entre vós eu nada devia saber senão Jesus Cristo, e Jesus Cristo crucificado.

16. 1Cor 3,18. Se alguém dentre vós pensa que é sábio neste mundo, torne-se louco para se tornar sábio.

17. 1Cor 3,19. Porque a sabedoria deste mundo é loucura diante de Deus.

18. 1Cor 3,22-23. Pois tudo é vosso, seja Paulo, Apolo, Cefas, seja o mundo, a vida e a morte, as coisas presentes e as coisas futuras. Tudo é vosso, mas vós, vós sois de Cristo e Cristo é de Deus.

19. 1Cor 4,10-13. Nós, os apóstolos, somos insensatos por causa de Cristo... fracos... desprezados. Ainda nesta hora sofremos fome, sede, falta de roupas; sofremos agressões dolorosas, andamos sem pouso certo e nos fatigamos trabalhando com nossas mãos; quando amaldiçoados, abençoamos; perseguidos. suportamos; caluniados, consolamos; até agora somos como o lixo do mundo, a escória dos homens.

20. 1Cor 4,16. *Sede meus imitadores, como sou imitador de Cristo.*

21. 1Cor 6,7. Na verdade, já é uma falta vossa terdes litígios uns contra os outros. Por que não preferis sofrer a injustiça? Por que não preferis arcar com o prejuízo?

22. 1Cor 6,15. Não sabeis que vossos corpos são membros de Cristo?

23. 1Cor 6,17. Quem se une ao Senhor é um só espírito com ele.

24. 1Cor 6,19-20. Não sabeis que vosso corpo é templo do Espírito Santo, que está em vós e que recebestes de Deus, e que não vos pertenceis mais?

Pois fostes resgatados por um alto preço. Glorificai, portanto, a Deus em vosso corpo.

25. 1Cor 7. É bom para o homem não tocar em mulher. No entanto, para evitar a incontinência, cada um tenha sua mulher e cada mulher tenha seu marido... Digo isso como uma concessão e não como uma ordem. Ao contrário, quero que todos os homens façam como eu; mas cada um recebe de Deus seu dom particular, um de uma maneira, outro de outra. *Aos que não são casados e às viúvas, digo-lhes que é bom permanecerem como eu mesmo. Mas, se não puderem conter-se, casem-se; pois mais vale casar do que abrasar-se...* A respeito de quem é virgem, não tenho um mandamento do Senhor; mas dou um conselho, pois recebi do Senhor a graça de ser digno de confiança. Portanto, por causa das dificuldades do presente, penso que é bom para o homem permanecer como está. *Se estiveres ligado a uma mulher, não procures romper esse vínculo; não estás ligado a mulher? não procures mulher...* Mas eis o que digo, irmãos: o tempo está se abreviando; portanto, aqueles que têm mulher sejam como se não a tivessem;... e os que usam do mundo, como se dele não usassem; pois a aparência deste mundo passa. Ora, eu gostaria que fosseis livres de preocupações. O homem que não é casado cuida das coisas do Senhor; quem é casado ocupa-se das coisas do mundo, procura agradar sua mulher *e está dividido.* Do mesmo modo a mulher: a que não tem marido e a virgem preocupam-se com as coisas do Senhor, a fim de serem santas de corpo e espírito; mas a que é casada preocupa-se com as coisas do mundo, procura agradar seu marido. Digo isso em benefício vosso, não para enredar-vos, mas em vista do que é con-

veniente e próprio para unir-vos ao Senhor sem impedimentos... Assim, aquele que casa sua filha faz bem, e aquele que não a casa *faz melhor*. A mulher está ligada ao marido enquanto ele viver; se o marido vier a morrer, ela é livre de casar com quem quiser, desde que seja no Senhor. *Porém será mais feliz se permanecer como está; é meu parecer; e creio que também eu tenho o Espírito de Deus.*

26. 1Cor 8,1. O conhecimento incha, enquanto a caridade edifica.

27. 1Cor 8,11. E assim, por causa de teu conhecimento, se perde esse irmão fraco por quem Cristo morreu!

28. 1Cor 9,22. Fiz-me tudo para todos, a fim de salvar a todos.

29. 1Cor 10,16-17. Porventura o cálice de bênção que abençoamos não é uma comunhão com o sangue de Cristo? E o pão que partimos não é uma comunhão com o corpo de Cristo? Visto que há um só pão, nós formamos um só corpo, mesmo sendo muitos, pois todos participamos do mesmo pão.

30. 1Cor 10,24. Ninguém busque seu proveito pessoal, mas o de outrem.

31. 1Cor 10,31. Portanto, seja ao comer, seja ao beber ou fazer qualquer outra coisa, fazei tudo para glória de Deus.

32. 1Cor 10,32-33. Não vos torneis motivo de escândalo nem para judeus, nem para gregos, nem para a Igreja de Deus. Assim eu mesmo procuro em todas as coisas agradar a todos, sem buscar meu proveito pessoal e sim o de todos, para que sejam salvos.

33. 1Cor 11,1. *Sede meus imitadores, como eu mesmo sou imitador de Cristo.*

34. 1Cor 12,26. Se um membro sofre, todos os membros sofrem com ele; se um membro é dignificado, todos os membros alegram-se com ele.

35. 1Cor 12,27. Vós sois o corpo de Cristo, e sois seus membros, cada um de vós.

36. 1Cor 13,1-7. Ainda que eu falasse as línguas dos homens e dos anjos, se não tiver amor sou como o bronze que ressoa ou o címbalo que retine. Ainda que eu tivesse o dom da profecia, conhecesse todos os mistérios e toda a ciência; ainda mesmo que eu tivesse toda a fé, a ponto de transportar montanhas, se não tiver amor nada sou. Ainda que eu distribuísse todos meus bens para alimentar os pobres, ainda que entregasse meu corpo às chamas, se não tiver amor, nada disso me vale. O amor é paciente, é bondoso; o amor não é invejoso, o amor não é leviano, não se incha de orgulho; não é inconveniente, não é interesseiro, não se irrita, não guarda rancor, não se alegra com a injustiça, mas se regozija com a verdade; tudo perdoa, acredita em tudo, tudo espera, tudo suporta.

37. 1Cor 13,8-13. O amor nunca passará. As profecias acabarão; as línguas se calarão; o conhecimento chegará ao fim... No presente permanecem estas três coisas: a fé, a esperança, o amor; mas a maior das três é o amor.

38. 1Cor 14,20. Irmãos, não sejais crianças no entendimento: sede crianças na malícia, mas adultos no entendimento.

39. 1Cor 16,14. Tudo entre vós seja feito no amor.

40. 2Cor 5,14. Pois o amor de Cristo nos pressiona...

41. 2Cor 6,4-10. *Em tudo nos recomendamos como ministros de Deus, com grande perseverança nas atribulações, nas privações, nas aflições, sob o açoite, nas prisões, no meio dos tumultos, nos trabalhos, nas vigílias, nos jejuns: pela pureza, pelo conhecimento, pela paciência, pela bondade, pelo Espírito Santo, pelo amor sincero, pela palavra verdadeira, pelo poder de Deus, pelas armas ofensivas e defensivas da justiça; entre a honra e a ignomínia, entre a boa e a má reputação; tratados como impostores e entretanto verdadeiros; como desconhecidos e entretanto bem conhecidos; vistos como moribundos e eis que vivemos; como castigados, mas não mortos; como tristes, nós que estamos sempre alegres; como pobres, nós que enriquecemos muitos; como nada tendo, nós que possuímos tudo.*

42. 2Cor 8,9. Pois conheceis a graça de Nosso Senhor Jesus Cristo, que, sendo rico, se fez pobre por vós, a fim de enriquecer-vos com sua pobreza.

43. 2Cor 9,6. Quem semear pouco colherá pouco; quem semear com abundância colherá com abundância.

44. 2Cor 11,2. Pois vos casei com um único esposo, para apresentar-vos a Cristo como virgem casta.

45. 2Cor 12,9. É na fraqueza que minha força se mostra por inteiro.

46. 2Cor 12,10. *Alegro-me nas fraquezas, nas afrontas, nas privações, nas perseguições, nas aflições por amor a Cristo; pois é quando estou fraco que sou forte.*

47. Gl 1,10. Se eu ainda estivesse agradando às pessoas, não seria servo de Cristo.

48. Gl 2,20. *Se vivo, já não sou eu quem vive, é Cristo que vive em mim.*

49. Gl 3,28. Já não há judeu nem grego; já não há escravo nem homem livre; já não há homem nem mulher; pois todos vós sois uma só pessoa em Cristo Jesus.

50. Gl 4,19. Meus filhinhos, por quem sinto novamente as dores do parto, até que Cristo esteja formado em vós.

51. Gl 5,22-23. Mas os frutos do Espírito são amor, alegria, paz, paciência, mansidão, bondade, fidelidade, brandura, fé, temperança.

52. Gl 5,24. Os que são de Cristo crucificaram a carne com suas paixões e concupiscências.

53. Gl 6,14. Quanto a mim, Deus me guarde de glorificar-me, se não for na cruz de Nosso Senhor Jesus Cristo; por ela o mundo está crucificado para mim, como eu para o mundo.

54. Ef 3,14-19. Dobro os joelhos diante do Pai de Nosso Senhor Jesus Cristo... para que, segundo a riqueza de sua glória, vos conceda que sejais poderosamente fortalecidos por seu Espírito, com vistas ao homem interior; e que Cristo habite em vossos corações pela fé, de modo que, enraizados e alicerçados no amor, vos torneis capazes com to-

dos os santos de compreender-lhe a largura e o comprimento, a profundidade e a altura, e conhecer o amor de Cristo, que excede todo conhecimento, para que sejais cheios de toda a plenitude de Deus.

55. Ef 5,1-2. *Sede, pois, imitadores de Deus*, como filhos amados; e caminhai na caridade, seguindo o exemplo de Cristo, que nos amou.

56. Ef 5,9. Pois o fruto da luz consiste em tudo que é bom, justo e verdadeiro.

57. Fp 1,21. Pois para mim a vida é Cristo e a morte é lucro.

58. Fp 3,8. *Considero perda tudo isso, diante do prêmio supremo do conhecimento de Jesus Cristo, meu Senhor. Por amor a ele eu quis perder tudo, olhando todas as coisas como lixo, a fim de ganhar Cristo.*

59. Fp 3,20. *Nós, porém, somos cidadãos do céu.*

60. Fp 4,4. *Alegrai-vos no Senhor, sempre; repito: alegrai-vos.*

61. Fp 4,13. *Tudo posso naquele que me fortalece.*

62. Cl 1,24. O que falta aos sofrimentos de Cristo eu completo em minha própria carne.

63. Cl 3,1-2. Buscai as coisas do alto, onde está Cristo, sentado à direita de Deus; afeiçoai-vos às coisas do alto e não às da terra.

64. Cl 3,3. Pois estais mortos e vossa vida está oculta com Cristo em Deus.

65. Cl 3,14. Revesti-vos do amor, que é o vínculo da perfeição.

66. 1Ts 5,16-18. Sede sempre alegres. Orai sem cessar. Dai graças em tudo.

67. 2Ts 3,15. Porém não deveis vê-lo como inimigo, mas adverti-lo como irmão.

68. 2Ts 3,18. *A graça de Nosso Senhor Jesus Cristo esteja com todos vós! Amém.*

69. 1Tm 1,5. A finalidade dessa ordem é o amor que provém de um coração puro, de uma boa consciência e de uma fé sincera.

70. 1Tm 2,1-6. Portanto, recomendo acima de tudo que sejam feitas preces, súplicas, orações e ações de graças por todos os homens, pelos reis e pelas autoridades, a fim de termos uma vida pacífica e tranquila, com toda piedade e honestidade. Isso é bom e agradável diante de Deus, nosso Salvador; *ele quer que todos os homens sejam salvos* e cheguem ao conhecimento da verdade. Pois há um único Deus e também um único mediador entre Deus e os homens: Jesus Cristo feito homem, *que se entregou em resgate por todos nós.*

71. 1Tm 4,13. Aplica-te à leitura, à exortação, ao ensino.

72. 1Tm 5,1-2. Não repreeendas com dureza o ancião, mas admoesta-o como a um pai; os jovens, como a irmãos; as mulheres idosas, como a mães; as jovens, como a irmãs, com toda pureza.

73. 1Tm 6,8-11. Se tivermos o que comer e o que vestir, teremos o suficiente... Pois o amor ao dinheiro é a raiz de todos os males... *Quanto a ti, homem de Deus, foge desses desejos e busca a justiça, a piedade, a fé, o amor, a paciência, a mansidão.*

74. 1Tm 6,17-19. Recomenda aos que são ricos no mundo presente que não sejam arrogantes e não depositem suas esperanças em riquezas incertas e sim em Deus, que nos dá com abundância todo o necessário para a vida. Que pratiquem o bem, sejam ricos em boas obras, prontos em dar generosamente do que têm, acumulando assim, como um tesouro, um bom fundamento para o futuro, a fim de conquistarem a vida verdadeira.

75. 2Tm 1,7-8. *Pois Deus não nos deu um espírito de timidez e sim um espírito de força, amor e ponderação. Portanto, não te envergonhes de dar testemunho de Nosso Senhor, nem de mim, seu prisioneiro, mas sofre comigo pelo Evangelho, com a força de Deus.*

76. 2Tm 2,3-4. Também deves saber sofrer como um bravo soldado de Jesus Cristo. *No ofício das armas ninguém se enreda nos assuntos da vida civil.*

77. 2Tm 2,10-12. *Por isso, tudo suporto por causa dos eleitos, para que também eles alcancem a salvação* que está em Jesus Cristo, com a glória eterna. Verdadeira é esta palavra: *se morrermos com ele, também viveremos com ele*: se perseverarmos, reinaremos com ele; se o renegarmos, ele também nos renegará.

78. 2Tm 2,14. Deves evitar essas discussões vãs que de nada servem, a não ser para a perdição dos ouvintes.

79. 2Tm 2,24-26. Um servo do Senhor não deve brigar; ao contrário, deve ser amável com todos, saber instruir e tolerar, corrigindo com brandura os oponentes, na esperança de que Deus lhes concederá converterem-se ao conhecimento da verdade e que, recuperando o bom-senso, se libertarão

das armadilhas do diabo, que os mantêm cativos e submissos a sua vontade.

80. 2Tm 3,12. *Todos os que quiserem viver piedosamente em Cristo Jesus serão perseguidos.*

81. 2Tm 3,16-17. Toda Escritura é de inspiração divina e útil também para ensinar, para convencer, para corrigir, para educar na justiça, a fim de que o homem de Deus seja completo e apto para toda boa obra.

82. 2Tm 4,2. Deves pregar a palavra, insistir oportuna e inoportunamente, repreender, censurar, exortar, com paciência inalterável e sempre instruindo.

83. 2Tm 4,5. Tu, porém, sê prudente em tudo, suporta as aflições, faze a obra de um evangelizador, dedica-te por inteiro a teu ministério.

84. Tt 2,11-13. Pois a graça de Deus, fonte de salvação para todos os homens, manifestou-se; ela nos ensina a renunciar à impiedade e aos desejos mundanos, e a vivermos neste mundo com sabedoria, justiça e piedade, aguardando nossa bem-aventurada esperança.

85. Hb 5,4. E ninguém se apropria dessa honra, senão aquele que é chamado a ela por Deus, como Aarão.

86. Hb 11,6. Sem fé é impossível agradar a Deus; pois quem se aproxima de Deus deve crer que ele existe e recompensa os que o procuram.

87. Hb 12,3-4. Considerai aquele que suportou tanta oposição da parte dos pecadores contra sua pessoa, para não sucumbirdes ao cansaço e ao desânimo. *Ainda não resististes até o sangue.*

88. Rm 8,28. *Todas as coisas concorrem para o bem daqueles que amam a Deus.*

89. Tg 1,2. Vede somente um motivo de alegria, meus irmãos, nas provações de toda espécie que caem sobre vós.

90. Tg 1,5. *Se a algum dentre vós faltar sabedoria, peça-a a Deus, que a todos dá generosamente... e ela lhe será dada.*

91. Tg 1,12. Feliz o homem que suporta a prova da tentação!

92. Tg 2,1. Não associeis com a fé em Jesus Cristo Nosso Senhor nenhuma discriminação de pessoas.

93. Tg 2,8-9. Se cumpris a lei régia, segundo esta passagem da Escritura: *"Amarás a teu próximo como a ti mesmo"*, agis bem. *Mas, se fazeis discriminação de pessoas, cometeis um pecado.*

94. Tg 4,4. A amizade com o mundo é inimizade contra Deus: quem quer ser amigo do mundo torna-se inimigo de Deus.

95. Tg 4,8. Aproximai-vos de Deus e ele se aproximará de vós.

96. Tg 5,20. Quem fizer um pecador retroceder do caminho em que está se perdendo salvará uma alma da morte e cobrirá uma multidão de pecados.

97. 1 Pd 2,21. Cristo sofreu por vós, deixando-vos um modelo para que sigais seus passos.

98. 2 Pd 1,5-7. Acrescentai à vossa *fé* a *virtude*, à virtude o *discernimento*, ao discernimento a *temperança*, à temperança a *paciência*, à paciência a *piedade*, à piedade o *amor fraterno*, ao amor fraterno a *caridade*.

99. 1Jo 2,5. Mas aquele que guarda sua palavra, é nele verdadeiramente que o amor de Deus é perfeito.

100. 1Jo 2,6. *Quem diz que permanece em Deus deve também andar como Jesus andou.*

101. 1Jo 2,15-16. Não ameis o mundo nem as coisas que há no mundo. Se alguém ama o mundo, o amor do Pai não está nele. Pois tudo o que há no mundo é a concupiscência da carne, a cobiça dos olhos e o orgulho da riqueza.

102. 1Jo 3,2. Seremos semelhantes a ele, porque o veremos tal como ele é.

103. 1Jo 3,14. Quem não ama permanece na morte.

104. 1Jo 3,16. Nisto conhecemos o amor: Jesus deu sua vida por nós. Também nós devemos dar a vida por nossos irmãos.

105. 1Jo 3,17. *Se alguém possui riquezas neste mundo e, vendo o irmão passar necessidade, fecha o coração diante dele, como pode estar nele o amor de Deus?*

106. 1Jo 4,7-8. Quem ama nasceu de Deus e conhece a Deus. Quem não ama não conheceu a Deus.

107. 1Jo 4,8. *Deus é* **amor**.

108. 1Jo 4,9-11. Ele manifestou seu **amor** por nós enviando ao mundo seu Filho unigênito, para que tenhamos a vida por meio dele... Caríssimos, se Deus nos amou assim, também nós devemos amar-nos uns aos outros.

109. 1Jo 4,12-13. *Se nos amarmos uns aos outros, Deus permanece em nós e seu* **amor** *é perfeito em nós. Sabemos que estamos nele e ele em nós porque ele nos dá seu Espírito.*

110. 1Jo 4,16. *Acreditamos no* **amor** *que Deus tem por nós. Deus é* **amor**, *e quem permanece no* **amor** *permanece em Deus e Deus permanece nele.*

111. 1Jo 4,19. Amamos a Deus, porque Deus nos amou primeiro.

112. 1Jo 4,20-21. Se alguém disser: "Amo a Deus", mas odiar seu irmão, é mentiroso; pois quem não ama seu irmão, a quem vê, como pode amar a Deus, a quem não vê? 21. E recebemos dele este mandamento: "Quem ama a Deus ame também seu irmão".

113. 1Jo 5,3. Pois amar a Deus é guardar seus mandamentos.

114. 1Jo 5,12. Quem tem o Filho tem a vida; quem não tem o Filho de Deus não tem a vida.

115. Ap 2,4-5. Mas tenho contra ti que abandonaste teu primeiro amor. Lembra-te, pois, de onde caíste, arrepende-te e volta para tuas primeiras obras.

116. Ap 3,1-2. Tens nome de vivo, mas estás morto... Pois não achei perfeitas tuas obras diante de meu Deus.

117. Ap 3,15-16. Não és nem frio nem fervente... Porque és morno, nem frio nem fervente, vou te vomitar de minha boca.

118. Ap 3,20. Eis que estou à porta e bato; se alguém ouvir minha voz e abrir a porta, entrarei em sua casa, cearei com ele e ele comigo.

119. Ap 4,8-11; 5,12-13; 7,10-12; 19,1.3.4. Santo, santo, santo é o Senhor Deus, o Todo-Poderoso, que era, que é e que virá... Senhor nosso e nosso Deus, sois digno de receber a glória, a honra e o poder... O Cordeiro que foi imolado é digno de receber o poder, a riqueza, a sabedoria, a força, a honra, a glória e o louvor... Ao que está sentado no trono e ao Cordeiro louvor, honra, glória e poder pelos séculos dos séculos... A salvação pertence a nosso Deus, que está sentado no trono, e ao Cordeiro... O louvor, a glória, a sabedoria, a ação de graças, a honra, o poder e a força pertencem a nosso Deus pelos séculos dos séculos. Amém... Aleluia! A salvação, a glória e o poder pertencem a nosso Deus... Aleluia... Amém... Aleluia...

120. Ap 22,13. *Eu sou o alfa e o ômega, o primeiro e o último, o princípio e o fim.*

121. Ap 22,16. *Sou eu a estrela brilhante da manhã.*

Cântico dos Cânticos

1. 1,1. Que ele me beije com beijos de sua boca!

2. 1,1. Teu amor é melhor que o vinho.

3. 1,2. As jovens se enamoram de ti.

4. 1,3. Leva-me contigo: correremos seguindo o aroma de teus perfumes!

5. 1,3. Com razão se enamoram de ti!

6. 1,4. Sou negra e bela.

7. 1,5. Os filhos de minha mãe irritaram-se comigo;
puseram-me para cuidar das vinhas,
De minha própria vinha não cuidei.

8. 1,5. De minha própria vinha não cuidei.

9. 1,6. Dize-me, ó rei que meu coração ama,
Onde apascentas tuas ovelhas,
Onde as deixas descansar ao meio-dia,
Para que eu não vagueie perdida
Em volta dos rebanhos de teus
companheiros.

10. 1,7. Se não sabes, ó mais bela entre as
mulheres,
Segue as pegadas do rebanho
E leva teus cabritos pastarem perto das
cabanas dos pastores.

11. 1,12. Meu bem-amado é para mim uma
bolsinha de mirra
Repousando entre meus seios.

12. 2,3. À sua sombra desejei sentar-me.

13. 2,4. E o estandarte que ele ergue sobre
mim é amor.

14. 2,5. Sustentai-me com algumas uvas,
Revigorai-me com maçãs,
Porque desfaleço de amor.

15. 2,6. Que sua mão esquerda sustente minha
cabeça
E a direita me abrace.

16. 2,7. Eu vos conjuro, filhas de Jerusalém,
Pelas gazelas e as corças dos campos,
Não despertai, não despertai a
bem-amada
Antes que ela assim queira.

17. 2,16. Meu bem-amado é meu e eu sou dele.

18. 3,1. Em meu leito, durante a noite,
Procurei aquele que meu coração ama,
Procurei-o e não o encontrei.

19. 3,2. "Vou levantar-me", eu disse comigo,
"Vou percorrer a cidade, as ruas,
as praças,
Procurar aquele que meu coração ama".
Procurei-o e não o encontrei.

20. 3,5. Eu vos conjuro, filhas de Jerusalém,
Pelas gazelas e as corças dos campos,
Não despertai, não despertai a
bem-amada
Antes que ela assim queira.

21. 3,11. *Vinde, filhas de Sião, ver o rei Salomão,*
Com a coroa com que sua mãe o coroou
No dia de suas núpcias,
Dia do júbilo de seu coração.

22. 4,6. Antes que chegue o frescor do dia
E as sombras fujam,
Irei à montanha da mirra
E à colina do incenso.

23. 4,9. Arrebataste meu coração, minha irmã,
minha noiva,
Arrebataste meu coração com um só
de teus olhares,
Com um dos caracóis de cabelo que
pendem em teus ombros.

24. 4,10. Como teu amor é deleitoso!
Ele é melhor do que o vinho.

25. 4,10. O aroma de teus perfumes é melhor
do que todas as especiarias.

26. 4,16. Soprai, ventos do norte, vinde, ventos
do sul!
Soprai em meu jardim para que seus
perfumes se exalem.

27. 5,1. Que meu bem-amado entre em seu
jardim,
e coma de seus belos frutos.

28. 5,1. Comei, amigos, bebei, embriagai-vos,
caríssimos.

29. 5,2. Estou dormindo, mas meu coração vigia.

30. 5,2. É a voz de meu amado! Ele está batendo.

31. 5,2. Pois minha cabeça está coberta de
orvalho,
Os caracóis de meus cabelos estão
molhados das gotas da noite.

32. 5,6. Eu desfalecia ouvindo-o falar-me.

33. 6,2. Eu sou de meu amado e meu amado
é meu.

34. 6,11. Eu não sabia.

35. 6,12. Volta, volta, sulamita,
Volta, volta para podermos
contemplar-te!

36. 7,10. Sou de meu amado,
E é a mim que ele deseja.

37. 8,3. Sua mão esquerda apoia minha cabeça
E a direita me abraça.

38. 8,4. Eu vos conjuro, filhas de Jerusalém,
Não despertai, não despertai minha
amada
Antes que ela assim queira.

39. 8,6. Põe-me como um selo em teu coração,
Como um selo em teu braço.

40. 8,6. *O amor é forte como a morte,*
O ciúme é inflexível como a morada
dos mortos.

41. 8,7. *Chuvas torrenciais não conseguiriam*
apagar o amor
Nem os rios conseguiriam afogá-lo.
Quem quiser comprar o amor a preço de
todas as riquezas de sua casa
Só receberá desprezo.

42. 8,14. Corre, meu amado,
E sê como a gazela ou o filhote
da corça
Nos montes perfumados.

Santos Evangelhos

1. *Mateus*

– Tudo o que desejais que outros vos façam, fazei-o também por eles.

– Nem prata, nem cobre... Nem alforje, nem duas túnicas.

– Como ovelhas no meio de lobos.

– Eles vos entregarão à morte... Não os temais... Quem der testemunho de mim [diante dos outros] eu darei testemunho dele [diante de meu Pai].

– *Salvar o que estava perdido.*

– Servir e dar a própria vida.

– Toda vez que fizestes isso a um desses pequenos que são meus irmãos, foi a mim que o fizestes... Toda vez que não o fizestes a um desses pequenos, foi a mim que não o fizestes.

– *Ensinai a todos os povos*, batizando-os... Ensinando-os a observar tudo o que vos mandei.

2. Marcos

– *Não são os que estão saudáveis que necessitam de médico e sim os doentes*; não vim chamar os justos, mas os pecadores.

– Pela mesma medida com que medirdes sereis medidos.

– Nem alforje, nem pão, nem dinheiro no cinto; mas calçando sandálias e não levar duas túnicas.

– Eles pregaram o arrependimento... e os curavam.

– *Compadeceu-se deles, pois eram como ovelhas sem pastor.*

– Servir e dar a própria vida.

– *Ide pelo mundo todo* e pregai o Evangelho *a todas as criaturas.*

3. Lucas

– Eis aqui a serva do Senhor.

– *Maria levantou-se e partiu apressada.*

– *Foi-lhe dado o nome de* **Jesus**.

– Iluminar os que estão sentados nas trevas e na sombra da morte.

– Aos cativos a libertação, aos cegos a volta da visão.

– *Não são os que estão saudáveis que precisam de médico e sim os doentes.*

– O que desejais que os outros façam por vós fazei também por eles.

– Nem alforje nem pão nem dinheiro nem duas túnicas.

– Como ovelhas no meio de lobos.

– Uma única coisa é necessária.

– Mesmo os cabelos de vossa cabeça estão todos contados... Não temais... Quem der testemunho de mim, o Filho do homem também dará testemunho dele.

– *Eu vim pôr fogo na Terra, e que posso querer, senão que ele se acenda?*

– Aquele dentre vós que não renunciar a tudo o que possui não pode ser meu discípulo.

– *Ele deixa as noventa e nove no deserto para ir em busca da que estava perdida.*

– *Procurar e salvar o que estava perdido.*

– Pregar o arrependimento e a remissão dos pecados a todos os povos.

– Em vossas mãos entrego meu espírito.

4. *João*

– Se não comerdes a carne do Filho do homem, não tereis a vida em vós.

– *Eu sou o bom Pastor.* O bom pastor dá a vida por suas ovelhas.

– Tenho ainda outras ovelhas que não são deste aprisco; é preciso que eu as traga também.

– Quando eu for levantado da terra, atrairei todos para mim.

– Eu sou o caminho, a verdade e a vida. Ninguém vai ao Pai senão por mim.

– Se permanecerdes em mim e minhas palavras permanecerem em vós, pedireis tudo o que quiserdes, e vos será dado.

– Este é meu mandamento: que vos ameis uns aos outros como eu vos amei. Não há amor maior do que dar a própria vida pelos amigos.

– Que eles sejam um, como nós.

– Que eles todos sejam um: que sejam um em nós.

– Eis aí vosso filho. Eis aí tua mãe.

– Transpassaram-lhe o lado.

– Assim como meu Pai me enviou, eu também vos envio.

– Segue-me.

IESUS

CARITAS

Eleição de retiro de ordenação sacerdotal
(na festa do Santíssimo Sacramento, 1901)

In manus tuas commendo
spiritum meum

Primeira parte

— Em vossas mãos entrego meu espírito.

— Segue-me.

— **Jesus**.

— Pôr fogo na Terra.

— Salvar o que estava perdido.

— Iluminar os que estão sentados nas trevas e na sombra da morte.

— Aos cativos a libertação, aos cegos a volta da visão.

— Eu sou o bom pastor.

— Ele deixa as noventa e nove no deserto para ir em busca da que estava perdida.

— Não são os que estão saudáveis que necessitam de médico e sim os doentes.

— Compadeceu-se deles, pois eram como ovelhas sem pastor.

— Tenho ainda outras ovelhas que não são deste aprisco; é preciso que eu as traga também.

– Que eles sejam um, como nós.

– Que eles todos sejam um: que sejam um em nós.

– Ide pelo mundo todo e pregai o Evangelho a todas as criaturas.

– Ensinai a todos os povos, batizando-os...ensinando-os a observar tudo o que vos mandei.

– Eu sou o caminho, a verdade e a vida; ninguém vai ao Pai senão por mim.

– Se não comerdes a carne do Filho do Homem, não tereis a vida em vós.

– Transpassaram-lhe o lado.

– Eis aí tua Mãe.

– Assim como meu Pai me enviou, eu também vos envio.

– Servir e dar a própria vida.

– O bom pastor dá a vida por suas ovelhas.

– Eu vos envio como ovelhas no meio de lobos.

– Nem prata, nem cobre... Nem alforje, nem duas túnicas.

– Aquele dentre vós que não renunciar a tudo o que possui não pode ser meu discípulo.

– Eles vos entregarão à morte; não os temais... Quem tiver dado testemunho de mim eu darei testemunho dele.

– O que desejais que os outros façam por vós fazei também por eles.

– Toda vez que fizestes isso a um desses pequenos que são meus irmãos, foi a mim que o fizestes.

– Este é meu mandamento: amai-vos uns aos outros como eu vos amei. Não há amor maior do que dar a própria vida pelos amigos.

Ignem mittere in terram...
Salvare quod perierat

Segunda parte

Quis? Aquele que deve "seguir", imitar **Jesus**, o *Salvador*, o *Bom Pastor*, que veio "pôr fogo na Terra" e "salvar o que estava perdido".

Quid? O estabelecimento dos irmãozinhos do **Sagrado Coração de Jesus**. (Segundo a eleição do retiro de diaconato.)

Ubi? Onde for mais perfeito. Não onde haveria mais possibilidades *humanas* de ter noviços, autorizações canônicas, dinheiro, terras, apoios: *não*; e sim *onde for mais perfeito em si*, mais perfeito segundo as palavras de **Jesus**, mais conforme com a perfeição evangélica, mais conforme com a inspiração do Espírito Santo; *onde* **Jesus** *iria*: à "ovelha mais desgarrada", ao "irmão mais doente" de **Jesus**, aos mais abandonados, aos que têm menos pastores, aos que "estão sentados nas trevas mais espessas", na sombra da morte mais "profunda", aos mais "cativos" do demônio, aos mais "cegos", aos mais "perdidos". Primeiramente: aos infiéis (maometanos e pagãos) de Marrocos e das regiões limítrofes da África do Norte.

Quibus auxiliis? Jesus somente: pois "buscai o reino de Deus e sua justiça e tudo o mais vos será dado de acréscimo" e "se permanecerdes em mim e minhas palavras permanecerem em vós, tudo que pedirdes será feito". **Jesus** não deu nenhuma outra ajuda a seus apóstolos: se eu fizer as obras deles, terei suas graças.

Cur? É desse modo que posso glorificar mais **Jesus**, amá-lo mais, obedecer-lhe, imitá-lo... É a isso que me impelem o Evangelho, a atração, meu diretor... É o que me pedem o amor a Deus (seu bem, sua glória) e o amor ao próximo (seu bem... a salvação dos mais perdidos, a penúria dos mais necessitados)... Para dar a conhecer **Jesus**, o **Sagrado Coração**, a santa Virgem para irmãos de **Jesus** que não os conhecem, alimentar com a santa Eucaristia irmãos de **Jesus** que nunca a provaram, batizar irmãos de **Jesus** ainda escravos do demônio, ensinar o Evangelho, a história de **Jesus**, as virtudes evangélicas, a doçura do seio materno da Igreja para irmãos de **Jesus** que nunca ouviram falar deles.

Quomodo? "Como ovelhas no meio de lobos" "Nem dinheiro nem alforje nem duas túnicas" "Aquele dentre vós que não renunciar a tudo o que possui não pode ser meu discípulo".

Quando? "Maria levantou-se e partiu *apressadamente*": quando estamos repletos de **Jesus** estamos repletos de caridade... Portanto, assim que eu estiver razoavelmente pronto e, com o sopro do Espírito Santo, meu diretor me disser: "Ide".

Observações a respeito da eleição anterior

1º. Visto que **Jesus**, a **caridade**, o **Coração de Jesus** quer que eu parta sem demora, *"cum festinatione*[17]*"*, assim que: 1º eu estiver pronto, 2º o Espírito Santo me impelir, 3º meu diretor me enviar, disso resulta que meu dever é preparar-me "cum festinatione", de modo que, das três condições, a que depende de mim esteja cumprida *o mais breve possível.*

2º. Em que consiste a preparação? A crescer em **amor**, *conhecimento, maturidade.* (Para adquirir: 1º mais *amor*: observação fiel de meu Regulamento; fazer em tudo o mais perfeito, perfeição dos atos diários; principalmente: *prece, humildade, amor ao próximo*; 2º mais *conhecimento*: dedicar ao estudo todo o tempo que não for exigido pelos exercícios do Regulamento, pela caridade ou por outros deveres imperiosos; 3º mais *maturidade*: a maturidade será dada diretamente por Deus ou virá naturalmente, seguindo o conhecimento e principalmente o amor.)

3º. Haveria além disso uma preparação exterior? ou seja, procedimentos externos a fazer? Há três coisas que preciso fazer dentro em breve: 1º informar-me sobre os lugares das regiões limítrofes de Marrocos onde há padres; 2º aprender o árabe (principalmente nos santos Evangelhos); 3º participar a Monsenhor minhas intenções, pedindo-lhe que pense nelas diante de **Jesus** e faça a respeito disso o que ele julgar mais agradável ao **Coração de Jesus**. *Nada peço*: exponho-lhe meus pensamentos, desejando só uma coisa: que ele faça sobre esse assunto e em tudo o que mais agradar ao **Sagrado Coração de Jesus**, assim como pedirei muito especialmente a Deus por ele em cada Missa que celebrarei, desde a primeira até a última. (Se ele julgar agradável a **Jesus** ajudar-me na execução desse desígnio, ele sabe melhor

---

17. "Apressadamente" (cf. Lc 1,39).

que eu os meios de fazê-lo: autorização para portar o hábito de irmãozinho do **Sagrado Coração de Jesus**; para seguir suas constituições com companheiros em sua diocese, servatis servandis[18]; pedir a Roma as faculdades necessárias para meu estabelecimento em Marrocos e nas regiões limítrofes da África do Norte.) Afora essas três coisas, não há nenhuma preparação externa nem providência a tomar no momento: não é em absoluto *um assunto no qual obter êxito* por meios humanos e *combinações humanas*; é o sopro do Espírito Santo a ser seguido na simplicidade do coração, e com o zelo e a fidelidade do amor: "Nesse momento o Espírito Santo vos ensinará o que deveis dizer."

4º. Não seria melhor ir primeiro à Terra Santa? *Não.* Uma única alma tem mais valor do que a Terra Santa inteira e do que todas as criaturas sem razão reunidas. É preciso ir não aonde a *terra* é mais santa e sim aonde as *almas* estão mais necessitadas. Na Terra Santa há *grande abundância* de sacerdotes e de religiosos, e poucas almas a ganhar; em Marrocos e nas regiões limítrofes há *extrema escassez* de padres e de religiosos e um número muito grande de almas a salvar... Lá, *terra*; aqui, *almas.* Lá, *abundância* de sacerdotes; aqui, *penúria.*

5º. Toda esta eleição não seria um efeito e uma tentação do amor-próprio e do orgulho? Não. Pois seu efeito, nesta vida, será não a consolação nem a honra e sim muitas cruzes e humilhações: "Ou serás desprezado ou serei glorificado: das duas maneiras tu ganhas com isso"[19].

Qual é a prova de que essas duas eleições expressam a vontade de Deus? Estas duas falas de **Jesus**:

---

18. Conservando-se o que deve ser conservado [N.T.].

19. Frase de Teresa de Ávila, citada com frequência por Charles de Foucauld.

"Segue-me"; "Quando ofereceres um almoço ou um jantar, não convides nem teus amigos nem teus irmãos nem teus parentes nem vizinhos ricos... quando ofereceres um banquete, convida, ao contrário, pobres, estropiados, coxos, cegos."

4

Retiro em Beni Abbès
1902

Resoluções do retiro anual de 1902
(em Beni Abbès)

> *Ignem mittere in terram...*
> *Salvare quod perierat...*

1. *Preliminares e Cap. I[20]*. **Imitar Jesus** fazendo da salvação dos homens tanto a obra de nossa vida que esta palavra **Jesus** – *Salvador* – expresse perfeitamente o que nós somos, assim como significa perfeitamente o que ele é... Para isso, *"Ser tudo para todos, com um único desejo no coração: dar às almas* **Jesus**".

2. *Cap. II. "Marta, Marta, estais inquieta e vos ocupais de muitas coisas.* **Só uma coisa é necessária**. Maria escolheu a melhor parte; ela não lhe será tirada."... Nunca deixar de cumprir a *hora diária* e a *hora noturna* de adoração, empregando *integralmente* a hora *diurna* em adoração silenciosa e a hora *noturna* primeiro na recitação dos Noturnos[21] e Laudes e depois em adoração silenciosa.

---

20. Charles de Foucauld faz seu exame seguindo os quarenta capítulos do Regulamento dos Irmãozinhos do Sagrado Coração de Jesus, redigido em Nazaré em 1899 e revisto em 1901.

21. Noturnos eram as três partes que compunham as matinas, antes da reforma litúrgica pelo Concílio Vaticano II [N.T.].

3. *Cap. III.* "Tudo que fizerdes a um desses pequenos é a mim que o fazeis"... "Que vossas boas obras reluzam diante dos homens para que eles glorifiquem Deus, vosso Pai"... Se salvarmos a alma de um infiel, é – se é permitido falar assim – **Jesus** *que salvamos do inferno e a quem damos o céu* com a ajuda de Deus: *desejo apaixonado de salvar as almas*: ordenar tudo por isso: *fazer tudo para isso: fazer o bem das almas passar na frente de tudo*, sempre *observando perfeitamente o Regulamento*: fazer todo esforço possível para nos servirmos **perfeitamente** dos sete grandes meios que **Jesus** nos dá para converter e salvar os infiéis: oblação do **Santo Sacrifício**, presença no tabernáculo do **santíssimo Sacramento, bondade, prece, penitência, bom exemplo, santificação pessoal**. "Qual pastor, tal povo": "o bem que uma alma faz é diretamente proporcional a seu espírito interior": portanto, a santificação deste povo desta região está em minhas mãos; ele será salvo se eu me tornar santo: e é **Jesus** que salvarei do inferno e a quem abrirei o céu, se me tornar santo. Se eu ficar tíbio, este povo continuará infiel e serei causa da perda eterna de **Jesus** ("o que fizerdes a um desses pequenos a mim o fazeis").

Resolução: **1º** seguir perfeitamente o *Regulamento, em tudo*; **2º** esforçar-me de todo coração e sem descanso para oferecer *perfeitamente* **o santíssimo Sacrifício**, para adorar o máximo possível (e expondo-o o máximo possível) e o mais perfeitamente possível o **santíssimo Sacramento**, para ser **bom** para todos, para **orar** e fazer **penitência** por todos, para dar tanto o **bom exemplo** que ao me verem vejam uma imagem fiel de **Jesus** e, por fim, para **santificar-me** o máximo possível; **3º** não me deitar, não adormecer antes de ter dito Noturnos e Laudes; a menos que haja motivo importante de caridade, dar os toques de sino e dizer o ofício nas horas do Regulamento; ser mais reservado com os visitantes, falar-lhes menos, rezar com todos, dar bons conselhos a todos, dizer aos doentes para rezarem e serem bons; desperdiçar menos meu tempo do que o faço; falar mais do que falo de **Jesus** aos que me cercam; a hora de adoração diurna da primeira hora de trabalho, e as três horas de intervalo regular das três horas que a seguem imediatamente (exceto por motivo importante de caridade).

4. *Cap. IV.* Fazer todo o possível para que eu possa e companheiros possam comigo fazer o mais breve possível os votos de irmãozinho do Sagrado Coração de **Jesus**; para isso, *seguir perfeitamente o Regulamento* e *santificar-me o máximo possível.*

5. *Cap. V.* "Se alguém quiser vir comigo, renuncie a si mesmo, tome sua cruz e siga-me"... "Tão poucos pontos do Regulamento nos atam sob pena de pecado grave, todos nos atam na medida de nosso amor"... Entremos pela porta estreita: busquemos a cruz para seguir nosso Esposo crucificado, para compartilhar sua cruz e seus espinhos: *cruz, sacrifício*, busquemo-los, sejamos ávidos deles como os mundanos são ávidos de prazeres: "*Se não aceitarmos nossa cruz, não somos dignos de* **Jesus**." Entremos na **cruz**, no **sacrifício**, tanto quanto o Regulamento nos permitir... E *obediência perfeita ao Regulamento*, porque nele se encontram a *imitação de* **Jesus** e a *obediência a seus ensinamentos.*

6. *Cap. VI.* "*Buscai o reino de Deus e sua justiça, e o restante vos será dado de acréscimo*"... "Não vos

inquieteis com o que haveis de comer para vossa vida nem com o que vestireis para vosso corpo"... *Alegrarmo-nos não por termos, mas por faltar-nos; nos alegrarmos grandemente toda vez que algo nos faltar.* Cuidar muito de não receber ou de *dar imediatamente a outros os livros* ou *outros presentes* recebidos que não forem conformes com o que está prescrito no Regulamento – *"Cuida de meus assuntos, eu cuidarei dos teus!* [22]"

7. *Cap. VII.* Dedicar diariamente um certo tempo – *tempo sagrado* – à evangelização dos domésticos, hóspedes permanentes, hóspedes de passagem. *"Eles são os primeiros sujeitos de nossa evangelização e de nossa beneficência"*... Se forem maus, empenhemo-nos em salvá-los ainda mais do que se forem bons: é **Jesus** doente e, se ouso dizer (que ele me perdoe) mau, cuja alma em perigo de perder-se precisa ser salva... É a ovelha desgarrada que precisa ser buscada com um zelo especial!

8. *Cap. VIII.* Dividir habitualmente meu tempo de *oração* em duas partes: durante uma (*pelo menos igual à outra*), contemplar e, se preciso, meditar; durante a outra, orar pelos homens, por todos sem exceção, e por aqueles dos quais estou especialmente encarregado. Dizer o santo ofício com extremo cuidado: **é o buquê diário de rosas frescas, símbolo de amor sempre jovem**, oferecido todo dia ao Amado, ao Esposo. *Nunca adormecer antes de dizer Noturnos e Laudes, dizê-los à meia--noite,* depois do Veni Creator; é a hora deles. Dizer sempre as diversas horas *no horário estabelecido pelo Regulamento e em voz alta*, a menos que haja

---

22. Frase de Teresa de Ávila, citada com frequência por Charles de Foucauld.

empecilho grave. Dizer diariamente o *santo Rosário inteiro em voz alta* com muita fidelidade e grande amor. *Quando o monsenhor*[23] *vier, pedir-lhe que benza a Capela para que ela possa ter canonicamente como titular o Sagrado Coração de* **Jesus**. Recitar a oração *Sacrosanctae*[24] no final de cada ofício, *em voz alta*. Passar na capela todo o tempo em que sua vontade não me chame de outro lugar: *nela está o amado*. Dedicar frequentemente uma hora inteira de oração para recitar uma vez o Pater: **é a oração de Jesus**.

9. *Cap. IX.* Redobrar o cuidado de fazer tanto quanto possível *meia hora de preparação* antes da missa e *uma hora e meia de ação de graças* depois... E suplicar a **Jesus**, à santa Virgem, a são José, santa Madalena, são João Batista, a todos os apóstolos para fazê-las o melhor possível.

10. *Cap. X.* Fazer *muito, muito frequentemente a comunhão espiritual*, sem outro limite nem medida que não meu amor, chamando cem e mil vezes por dia em minha alma o Amado Salvador. Propagar tanto quanto possível entre os fiéis a *comunhão reparadora* e, ao mesmo tempo, a confraria do Sagrado Coração e as devoções que ela recomenda.

11. *Cap. XI.* "Quem vos escuta me escuta... Aquele que se fizer pequeno como esta criança será o maior no reino dos céus"... Em todo assunto grave, pedir *tanto quanto possível* o conselho do diretor... Na dúvida, pender sempre para o lado da obediência...

---

23. Mons. Guérin, prefeito apostólico do Saara. Estará em Beni Abbès para Pentecostes de 1903.

24. "Sacrosanctae et individuae Trinitatis": primeiras palavras da oração de Leão X, a ser recitada de joelhos após o ofício, para obter o perdão das faltas e falhas na recitação do breviário.

Fazer tanto quanto possível atos de obediência, não só para estar seguro de fazer a vontade de Deus, mas também para *imitar* **Jesus** "submisso em Nazaré", para *obedecer* a **Jesus** quando nos recomenda "nos fazermos criancinhas", para *amar o máximo possível* **Jesus** *no céu eternamente*, tendo nele o melhor lugar *reservado aos que se fizeram "os menores de todos" pela obediência aos outros homens e pela humildade que essa obediência exige.*

12. *Cap. XII.* Nunca omitir minha meditação pessoal do santo Evangelho, minhas leituras pessoais do santo Evangelho, das santas Escrituras, do Regulamento. "*É o alimento*"... Quando estiver encarregado de explicar aos irmãos o santo Evangelho, preparar essa explicação e sempre fazê-la tratar do *amor*, da *contemplação* e *imitação* de **Jesus** e da *obediência* a seus ensinamentos.

13. *Cap. XIII.* "Esse tipo de demônio só é expulso pela oração e pelo jejum"... "O filho do homem veio não para ser servido e sim para servir"... "E não fostes capazes de vigiar uma hora comigo?"... "Se o sal perder seu sabor, só servirá para ser pisado por todos"... "É preciso que o Filho do homem seja levantado"... "Se o grão de trigo não morrer, ficará só"... "Qando eu for levantado da terra, atrairei todos para mim"... Não só *jejuar*, mas "***amar** o jejum*", como diziam santo Agostinho e são Benedito; "***amar** a cruz*", como santo André; pois o *jejum*, a *cruz* são a **imitação** *de* **Jesus** e a **união** com **Jesus;** nós «*seguiremos*" **Jesus**, "*estaremos unidos*" a **Jesus**, "*santificaremos o Nome*" de **Jesus**, "*proporcionaremos o Reino*" de **Jesus**, "*cumpriremos sua vontade na Terra e proporcionaremos o cumprimento dessa vontade*" entre os outros, na medida em que, como ele e seguindo seu exem-

plo, "carregaremos a cruz", "seremos levantados da terra", ao ser crucificados, mortificados, mártires, "morreremos como o grão de trigo"... Portanto, **amar** o *jejum*, o *sofrimento*, a **cruz** sob todas suas formas, segundo a palavra de **Jesus**: "Se queres conhecer minha vontade, precisas desprezar e detestar tudo o que amaste na Terra; e, quando começares a fazer isso, o que te parecia suave e doce se tornará amargo e insuportável para ti, mas também encontrarás grande doçura e grande encanto nas coisas que te pareciam intoleráveis."...
Amar e **buscar a cruz** tanto quanto **Jesus** fez e permite que se faça (ou seja, tanto quanto a *obediência* permitir, a *saúde* suportar, o *espírito* não se enfraquecer, o *caráter* não se azedar, a *alma* não sofrer má influência).

14. *Cap. XIV.* "Muito será pedido a quem muito se tiver dado"... "Eu vim pôr fogo na Terra, e que posso querer, senão que ele se acenda?" **Amar** as almas como o **coração** de **Jesus**, que tanto amou os homens", **devotar-se a sua salvação**, como aquele que se expressa inteiramente em seu nome de **Jesus** "Salvador"... *"ter um único pensamento no coração: dar* **Jesus** *às almas"*... e devotar-se humildemente a elas, como aquele que veio "servir e dar sua vida em resgate". Ter diariamente *horas de evangelização perfeitamente fixas*, seja para os domésticos, seja ou para os hóspedes franceses e indígenas: *que esse cuidado das almas esteja acima de tudo...* Ser *muito bom* para fazer amarem **Jesus**!... Empenhar-me em desenvolver a Confraria do Sagrado Coração.

15. *Cap. XV.* "Só uma coisa é necessária. Maria escolheu a melhor parte." ***Ordem*** e ***atividade*** de modo a *economizar tempo* e poder guardar *uma*

vida muito contemplativa e ao mesmo tempo *"me fazendo tudo para todos*, de modo a dar a todos **Jesus** "...Banir da vida toda *lentidão, indolência, perda de tempo, desordem.*

16. *Cap. XVI.* "Buscai primeiro o reino de Deus e sua justiça, e tudo mais vos será dado de acréscimo"... Seguir *muito exatamente* o *Regulamento*, seja para o tempo destinado aos *intervalos*, seja para o tempo de *trabalho*, seja para tudo; e particularmente esta lei de *passar na frente de tudo o tempo dedicado às coisas espirituais...* e esta outra lei de *tirar do tempo de trabalho* o tempo dos intervalos passado em orientar, confessar etc. Permanecer *tanto quanto possível na capela.*

17. *Cap. XVII.* Durante a primeira hora de intervalo suplementar, ter sempre um quarto de hora de leituras espirituais... Durante a segunda hora de intervalo suplementar, nunca omitir meia hora de leitura teológica... Nos dias de descanso, ler mais.

18. *Cap. XVIII.* Nos dias úteis, distribuir assim os intervalos: 1º todos os intervalos regulares: oração, pura adoração; 2º nas três horas de intervalo suplementar dos dias úteis: primeira hora, uma passagem dos santos evangelhos, via-sacra, 6 Pater, Ave, Gloria, 50 Cor **Iesu** sacratissimum, 10 Cor Mariae dulcissimum, 10 Sancte Pater Noster Joseph, 10 Sancta Magdalena, 1 capítulo do Antigo Testamento. 1 capítulo das Epístolas, Atos ou Apocalipse, 2 páginas Regulamento, um quarto de hora autor espiritual, oração; segunda hora, meia hora meditação santos Evangelhos por escrito, meia hora leitura teológica; terceira hora, oração, pura adoração.

19. *Cap. XIX.* Guardar silêncio tanto quanto possível; mas rompê-lo sempre que **Jesus** em Nazaré o teria rompido em meu lugar, e na medida em que e do modo como ele o teria rompido... Escrever na medida em que **Jesus** em Nazaré teria escrito, para consolação, santificação dos parentes, dos amigos, àqueles e da maneira que ele teria escrito em Nazaré. Não falar, não escrever como ele teria feito em sua vida pública (*como vivente dessa vida pública*), pois é a vida *oculta* que imito, não a vida *pública*: é preciso deixar isso para outros que virão em seguida, e somente *preparar os caminhos em silêncio*, como fez **Jesus** em Nazaré e **José** a vida inteira: consequentemente, não escrever cartas de *quase-propaganda*, o que está infinitamente longe da vida de Nazaré... **Em vez de fazer-me conhecido, ocultar-me**; procurando tornar-me conhecido, escrevendo nesse sentido, cometerei uma falta contra a *imitação da vida oculta de* **Jesus**, que é o ponto principal de minha vocação... Se **Jesus** quiser que os irmãozinhos do Sagrado Coração sejam conhecidos e se multipliquem, é fácil para ele e cabe a ele fazê-lo: o chamado deve ser divino e não humano; quanto a mim, meu único dever para o estabelecimento deles é santificar-me tanto quanto possível e levar aqui a vida deles tão exatamente quanto possível.

20. *Cap. XX.* Nunca falar de minha família nem de meu passado aos que os ignoram... Nunca ser o primeiro a falar deles aos que os conhecem... Nunca ser o primeiro a falar de notícia externas e, se me falarem delas, desviar a conversa e fazê-la tratar das coisas de **Deus**. Quando me falarem de acontecimentos políticos ou de coisas externas, toda vez que eu puder, sem prejuízo para as almas

(com os indígenas *sempre*), *fazer uma declaração de princípios* e dizer que só quero ouvir falar de **Deus**. *Com os indígenas,* admitir na conversação *apenas orações* ou *falar de Deus.*

21. *Cap. XXI.* **Somente Deus!!..Deus meus et omnia**[25]*!..* Nunca pensar nas coisas materiais durante o tempo estabelecido para a oração... Nunca dedicar às coisas materiais mais tempo do que o estabelecido pelo Regulamento... Nunca reduzir o tempo destinado aos exercícios espirituais... *A diferença infinita que há entre a criatura e o Criador!..."Uma única coisa é necessária"*...

22. *Cap. XXII.* Fazer todas as economias possíveis para poder *o máximo possível* não receber honorários por intenções de Missa e *aplicá-los de acordo com a Regra...* Só recebê-los em caso de **absoluta necessidade...** Não esquecer de enviar a contribuição anual ao óbolo de são Pedro[26].

23. *Cap. XXIII.* Se **Deus** me der irmãos, procurar ficar *tão logo quanto possível no último lugar, desobrigado da função de prior* e, se eu puder sem imperfeição, das de subprior, diretor, professor, capelão, a fim de ser o último na casa de **Deus** – uma gata borralheira – elegi abjectus esse in domo **Dei** mei[27]... *Tão logo quanto possível,* contanto que possa ser sem imperfeição. Enquanto aguardo esse momento, *dar o exemplo, eu mesmo ser em tudo*

---

25. Meu Deus e meu tudo.

26. Óbolo de são Pedro: Charles Forbes, conde de Montalembert (1810-1870), político católico francês apaixonado pelos assuntos britânicos, teve a ideia dessa coleta para o papa, na Inglaterra anterior à Reforma. A espoliação do papa em 1870 contribuiu para popularizar essa contribuição entre os fiéis do mundo.

27. "Preferi ser o último na casa de meu Deus" (cf. Sl 83,11).

aquilo que sonho que os irmãozinhos do Sagrado Co-ração sejam; ser o que **Jesus** seria em meu lugar... Visto que sou provisoriamente meu superior, dar a mim mesmo as ordens que daria ao irmão Charles de **Jesus** se eu fosse seu *superior* e *diretor ao mesmo tempo*.

24. *Cap. 24.* Estou na Casa de Nazaré, entre Maria e José, abraçado, como um *irmãozinho*, a meu irmão maior, **Jesus**, dia e noite presente na santa Hóstia... Agir para com o próximo como convém neste *lugar*, nesta *companhia*, como vejo agir **Jesus**, que me dá o *exemplo*. Ser *exigente* na *admissão* e principalmente na *conservação* dos noviços. Na fraternidade, ser sempre **humilde, manso,** e **servir** como faziam **Jesus**, Maria e José na santa Casa de Nazaré... *Mansidão, humildade, rebaixamento, caridade, servir os outros.*

25. *Cap. XXV.* **Lavar a roupa** dos pobres (particularmente na *quinta-feira santa*) e **limpar** *seu quarto* regularmente, sempre que possível, *eu mesmo*... Sempre que possível, fazer *eu mesmo*, e não um outro, *os mais baixos trabalhos da casa*, a limpeza dos sanitários, dos espaços ocupados pelos indígenas, tudo o que for "*Serviço*" e assemelhar-se a **Jesus** estando entre os apóstolos "*como aquele que serve*"... E sejamos muito afáveis com os pobres e com todos os homens: é também uma humildade... fazer a *comida dos pobres*, quando eu tiver esse poder; levar-lhes a *bebida*, a *comida*, não deixar esse serviço para outros.

26. *Cap. XXVI. Em cada doente ver não um homem, mas* **Jesus**, donde: respeito, amor, compaixão, alegria e reconhecimento por ter de tratar dele, zelo, mansidão... Últimos momentos não só

dos cristãos, mas dos muçulmanos: quem sabe se não haverá às vezes batismos a ministrar?... *Servir* tanto os doentes como os pobres, empenhando-me em prestar a todos eles os *serviços mais baixos*, como **Jesus** lavando os pés dos apóstolos.

27. *Cap. XXVII*. Fazer tudo o que puder para a fundação do maior número possível de fraternidades do Sagrado Coração de **Jesus** , uma das quais, quando chegar a hora, em Betânia, e uma também em Nazaré, e uma em Roma "Quo vadis[28]"... Para isso, *santificar-me o máximo possível*, fazer a *todo momento* o *que for mais perfeito*.

28. *Cap. XXVIII. Tolerar a presença dos maus*, desde que sua maldade não corrompa os outros, como **Jesus** tolerou Judas... Não resistir ao mal... Atender aos pedidos, mesmo injustos, por *obediência* a **Deus** e para, com essa *condescendência*, fazer o bem às almas e *fazer aos outros o que* **Deus** *faz e imitá-lo*: "Dai dois mil passos"... *Continuar a fazer o bem aos ingratos* para *imitar* **Deus** "que chove sobre os bons e sobre os maus": "Se fordes bons só para os bons, onde está vosso mérito? Sede bons para os maus, para os ingratos, para os inimigos, como o próprio **Deus**."

Todo homem *vivo, por mau que seja*, é "filho de **Deus**", "imagem de **Deus**", "membro de **Jesus**": *respeito, amor, atenções gentis para alívio material, zelo extremo para com o aperfeiçoamento espiritual*

---

28. "Roma-Quo-vadis", bairro dessa capela de Roma, na via Appia; seu nome é inspirado nas palavras de são Pedro a Cristo: "Senhor, aonde vais?" Cristo respondeu: "Já que não tens coragem de sofrer e morrer, vou a Roma para que me crucifiquem de novo". No século III, Orígenes (*In Johannem*, PG XIV, col. 600) faz alusão a esse encontro de Cristo com Pedro, quando este estava deixando Roma para escapar das perseguições.

de cada um deles... Não procurar ter muito para dar grandes esmolas, o que seria muito contrário ao exemplo de Nosso Senhor; mas, como ele, viver do trabalho de minhas mãos e, como ele, dar esse pouco a quem pedir: ganhemos apenas o que **Jesus** ganhava e, como ele, compartilhemos com quem pede ou precisa...

29. *Cap. XXIX.* "Vim chamar não os justos, mas os pecadores." *Ter um único desejo no coração: dar* **Jesus** *a todos...* Ocupar-me especialmente das ovelhas desgarradas, dos *pecadores*, dos *maus*; não ignorar as 99 ovelhas perdidas para ficar tranquilamente no aprisco com a ovelha fiel... Vencer essa severidade natural que sinto contra os pecadores, e essa aversão; e substituí-las pela compaixão, pelo interesse, pelo zelo e por cuidados solícitos prestados a suas almas.

30. *Cap. XXX.* Ver em todo ser humano **Jesus**... fazer pelos hóspedes um pouco *mais* do que por mim... Não tocar mais em pão de trigo para mim, exceto por doença: todo que eu pegar pegarei para **Jesus** (a *caridade*, a *peniência*, a *fé* que vê **Jesus** em todo ser humano fazem disso um dever... e também a *esperança*, que me ensina que receberei em graça e glória (glória = conhecimento e amor do Amado) (graça = meios para bem amar e servir o Amado) o cêntuplo de tudo que eu der... E tenho tanta necessidade de receber!).

31. *Cap. XXXI.* Cuidado **igual** de *trabalhar consciensiosamente* durante o tempo estabelecido e de *contemplar continuamente* **Jesus** ao trabalhar: ambos necessários para *imitá-lo* e *amá-lo*... Nunca reduzir em benefício das ocupações materiais o tempo a ser dedicado aos exercícios piedosos... Ter um procurador secular.

32. *Cap. XXXII.* "Atentai para que vossos corações não se embruteçam pelo excesso de alimento e de vinho e pelos cuidados desta vida." Se o grão de trigo não morrer, ficará só; mas se morrer produzirá muito fruto." **Seguir a regra** para o tempo, a *hora*, a *duração*, a *composição* das refeições, e seguir a **caridade** e a **fé** dando *aos hóspedes mais do que a mim* e vendo em todos os homens **Jesus**: "O que fizerdes a um desses pequenos é a mim que o fazeis." Às onze horas e meia (meio-dia na quaresma): "asida" ou pão de cevada (e algumas tâmaras); "frustulum": algumas tâmaras ou um pouco de pão; noite: pão e tâmaras... pão de cevada e não pão de trigo, deixar o pão de trigo para **Jesus**... Não dar a **Jesus** o que é menos bom e guardar o melhor... gastar honestamente os 10 francos[29] (complementando com tâmaras, ou leite, ou café, ou chá).

33. *Cap. XXXIII.* Desejar, amar, alegrar-se por sofrer frio, calor, tudo: para *ter um sacrifício maior para oferecer a Deus,* para *ficar mais unido a* **Jesus**, para ser *mais capaz de glorificá-lo* pagando esse acréscimo de tributo de sofrimento, para receber *na Terra e no céu mais conhecimento e amor de* **Jesus**... Quanto mais tudo *faltar-nos, mais somos semelhantes a* **Jesus** *crucificado... quanto mais ficarmos presos na cruz, mais abraçamos* **Jesus** *que nela está pregado...* **Toda cruz é um ganho, pois toda cruz nos une a Jesus**.

34. *Cap. XXXIV.* Na capela, na sacristia e na biblioteca, paredes rebocadas e pintadas a cal... as

---

29. Quantia mensal que, após um adoecimento, ele aceitou que uma parente lhe enviasse para poder complementar sua alimentação extremamente frugal [N.T.].

outras partes da fraternidade podem ser assim, se for necessário para higiene ou salubridade ou solidez. Para os alojamentos e para o restante, tratar os hóspedes um pouco melhor que aos irmãos, os pobres tão bem quanto os ricos, ver em todos **Jesus**. Ter na capelania alojamentos suficientes para todos os hóspedes e todas as categorias de hóspedes (bons, maus; crianças; jovens; hóspedes permanentes; hóspedes de passagem).

35. *Cap. XXXV.* Nada ter a mais nem melhor do que **Jesus** podia ter em Nazaré. Alegrar-se e desejar *menos* em vez de *mais*.

36. *Cap. XXXVI.* Ânimo – paciência – Pautar-se pela regra em tudo e fazer todo o possível para o estabelecimento dos irmãozinhos do Sagrado Coração de **Jesus**... Confiança: **santificar-me: tudo está nisso!**

37. *Cap. XXXVII.* Fazer com que me chamem de "irmão" e não de "padre"... Seguir o *Regulamento*, o *Regulamento*, o *Regulamento!*

38. *Cap. XXXVIII.* A fundação dos irmãozinhos e das irmãzinhas do Sagrado Coração de **Jesus** *depende de mim*, de *minha fidelidade*, de *minha conversão*... Meu Deus, convertei-me! Santa Virgem, são José, santa Madalena, entrego minha alma em vossas mãos! O que posso fazer a mais para *glorificar* **Deus** e *salvar as almas* para ele é fundar os *irmãozinhos* e as *irmãzinhas* do Sagrado Coração de **Jesus**... E para isso uma única coisa é necessária e suficiente: **santificar-me**.

39. *Cap. XXXIX.* "Afasta-te de mim, satanás. És para mim uma pedra de tropeço, porque não tens senso para as coisas de Deus, mas para as coisas

dos homens"... ***Seguir com muita exatidão o horário***: quando o bem das almas exigir certas mudanças de horário, fazê-las *sem escrúpulo – mas regularmente* – como o irmão prior ordenaria ao irmão leitor, ao irmão capelão etc. em caso de necessidade – nunca mudar um horário por *covardia, tibieza, leviandade, capricho*. Atualmente almoço na hora ordinária, jantar às 6 horas, os exercícios seguindo a leitura diária dos santos evangelhos recuados de acordo com a necessidade, mas todos feitos integralmente; ser muito preciso em tocar os sinos nas horas marcadas no horário. A todo minuto **viver hoje como devendo morrer mártir esta noite.**

40. *Cap. XL.* "Uma única coisa é necessária": fazer a todo instante o que agradar mais a **Jesus**. Preparar-se *incessantemente* para o martírio e recebê-lo *sem sombra de defesa*, como o Cordeiro Divino, em **Jesus**, por **Jesus**, como **Jesus**, para **Jesus**.

Resoluções da festa de Nossa Senhora do Bom Conselho[30]:

1º Seguir perfeitamente o Regulamento.

2º Nunca reduzir o tempo passado diante do santíssimo Sacramento.

Conselho do sr. abade Huvelin: "Ser tudo para todos, ter *um único desejo no coração*: dar a todos **Jesus**."

---

30. É na festa de Nossa Senhora do Bom Conselho (Notre-Dame du Bon Conseil, 26 de abril) que dois anos antes, em Nazaré, Charles de Foucault faz uma "Eleição" na qual se decide a receber o sacerdócio.

Emprego dos intervalos:

I. Dias úteis

1º intervalos comuns a todos: adoração.

2º intervalos especiais para os padres:

Primeira hora: leitura santo Evangelho, via sacra, 6 Pater, 6 Ave, 6 Gloria, 50 Cor Jesu miserere nobis, 10 Cor Mariae immaculatum, 10 Sancte Pater Joseph, 10 Sancta Magdalena 1 capítulo Novo Testamento (menos os 4 evangelhos), 1 capítulo Antigo Testamento, 2 páginas Regulamento, 15 minutos autores espirituais, adoração.

Segunda hora: meia hora leitura teologia, meia hora meditação santo Evangelho.

Terceira hora: adoração.

3º sesta: meia hora meditação santo Evangelho, uma hora adoração.

4º vigília noturna depois de recolher-me: 1º cartas ou outros escritos muito urgentes; 2º citações ou anotações piedosas; 3º adoração.

II – Dias de descanso

1º intervalos comuns: Primeira hora: adoração. Segunda hora: como a primeira dos intervalos especiais para os padres. Terceira hora: como a segunda dos intervalos especiais para os padres. Quarta hora: como a terceira dos intervalos especiais para os padres. As outras: ad libitum[31].

2º sesta: como os dias úteis.

---

31. À vontade [N.T.].

3º vigília noturna depois de recolher-me: 1º citações ou anotações piedosas; 2º adoração.

N. B. Seja nos dias úteis ou nos dias de descanso, se houver horas de oração (intervalos ou outras, comuns ou particulares) que eu tiver de recuperar, deverei recuperá-las *na vigília noturna depois de recolher-me*, mas *não* na *sesta*, que terá sempre seu emprego próprio.

No dia da festa do Sagrado Coração de Jesus:

1º *o que posso fazer a mais para a glória de* **Deus**, *o que ele requer de mim, é a fundação dos irmãozinhos (e provavelmente das irmãzinhas) do Sagrado* **Coração** *de* **Jesus**.

2º *para isso é preciso:* **I**º *santificar-me*; **II**º *santificar-me seguindo exatamente meu Regulamento e sendo eu mesmo o modelo do que os outros devem ser*; **III**º preparar o Regulamento das irmãzinhas do Sagrado **Coração** de **Jesus**; **IV**º pedir a **Deus**, por meio da oração e da penitência, essa (ou essas) fundações e buscar paz interior para encontrar **Deus** e dá-lo na paz.

Resumo das resoluções do retiro anual de 1902, feito no dia da festa do Sagrado Coração de Jesus, 1902:

1º "Ser tudo para todos, com um único desejo no coração: dar a todos **Jesus**."

2º Fazer o bem das almas vir antes de tudo, sempre observando perfeitamente o Regulamento.

3º Salvar do inferno um infiel, ou um cristão, é salvar dele **Jesus**.

4º "O bem que uma alma faz é diretamente proporcional a seu espírito interior"... "Qual pastor, tal povo"... A salvação deste povo depende de minha conversão.

5º *Seguir perfeitamente o Regulamento, em tudo*: muito preciso para os toque de sino, para as horas dos ofícios; conversas mais religiosas e mais breves com os cristãos; rezar pelos muçulmanos; falar menos; dizer aos doentes que rezem e sejam bons; ensinar as crianças a rezar; silêncio; nunca dar aos exercícios religiosos menos tempo do que o Regulamento estabelece.

6º Alegrar-nos não por termos, mas por faltar-nos. Quanto ao temporal, fazer tranquilamente o que for preciso para preparar o lugar para os irmãozinhos de **Jesus**, alegrando-me com o insucesso e a penúria, pois então tenho a **Cruz** e a **pobreza** de **Jesus**, os maiores bens que a Terra possa dar.

7º Dedicar diariamente um tempo fixo – tempo sagrado – à evangelização dos hóspedes, dos domésticos etc.

8º *Rosário diário em voz alta – Noturnos e Laudes à meia-noite – passar na capela o maior tempo possível – orar continuamente ao trabalhar, ao ir e vir. Meia hora de preparação antes da missa; uma hora e meia de ação de graças depois.*

9º *Comunhão espiritual muito frequente.*

10º *Nunca omitir as práticas da primeira hora de intervalo suplementar e a meia hora de meditação sobre o Evangelho.*

11º ***Cruz**: amá-la*; e *buscá-la* tanto quanto a obediência permitir; quanto o espírito suportar sem fraquejar; quanto o corpo suportar sem doença; quanto o caráter suportar sem azedar-se.

12º Ser *bom, muito bom*, para fazer amarem **Jesus**: ser *bom, manso, humilde.*

13º Ordem e atividade; economia de tempo: nem tibieza nem indolência nem lentidão.

14º *Escrever, falar como teria feito* **Jesus** *em Nazaré... Portanto, muito silêncio... E nada de cartas-propaganda: em vez de fazer-me conhecido, ocultar-me, como* **Jesus** *em Nazaré.*

15º Nunca falar de minha família, de meu passado aos que o ignoram; e o menos possível aos que o conhecem... nunca notícias de fora. Com os indígenas, não admitir na conversa nada que não seja **Deus**: muito breve com eles.

16º Não pensar em coisas materiais durante os exercícios espirituais... Mas rezar pela fundação dos irmãozinhos do Sagrado **Coração** durante as ocupações materiais.

17º Rebaixamento: serviço dos outros... Estabelecer para mim alguns trabalhos diários bem abjetos e fazê-los, como **Jesus** em Nazaré "vindo para servir"... Suprimir [sic] a prescrição: "servir e não, ser servido".

18º *Ver em todo ser humano* **Jesus** *e agir em conformidade: bondade*, respeito, amor, humildade, mansidão, fazer por ele mais do que por mim.

19º Não resistir ao mal. Fazer o bem aos ingratos, "como o Pai celeste".

20º "Eu vim chamar não os justos, mas os pecadores"... "buscar a ovelha desgarrada"... Fazer do mesmo modo.

21º Fazer pelos hóspedes um pouco mais do que por mim.

22º Não ter nada a mais nem melhor do que tinha **Jesus** em Nazaré... Alegrar-se com as privações.

23º Horas fixas para as refeições. Emprego dos intervalos como está anotado.

24º *"Viver hoje como devendo morrer mártir esta noite".*

Sumário mais sucinto do resumo anterior, também feito na festa do Sagrado Coração de Jesus, 1902.

- **I.** – *O que posso fazer a mais para glória de* **Deus**, *o que ele requer de mim, é a fundação dos irmãozinhos (e provavelmente das irmãzinhas) do Sagrado* **Coração** *de* **Jesus**.

- **II.** – *Para isso é preciso*: 1º *santificar-me*; 2º *santificar-me seguindo exatamente o Regulamento dos irmãozinhos do* **Sagrado Coração** *e sendo o modelo do que os outros devem ser*; 3º preparar o Regulamento das irmãzinhas do Sagrado **Coração** de **Jesus**.

Para santificar-me seguindo exatamente o Regulamento dos irmãozinhos do **Sagrado Coração:**
1º – Imitação de Nosso Senhor **Jesus** em Nazaré; adoração do santíssimo Sacramento; vida nos países de missão.
"Ser tudo para todos, com um único desejo no coração: dar a todos **Jesus**."

2º – Fazer o bem das almas vir antes de tudo, ao mesmo tempo observando perfeitamente o Regulamento.

3º – Exatidão em seguir o espírito do Regulamento: caridade, mansidão, bondade universal, ver **Je-**

sus em todo ser humano, fazer pelos outros mais do que para mim... recolhimento, silêncio, evitar palavras inúteis, conversas mundanas, rememoração do passado, notícias de fora... exatidão nos toques de sino, dizer os ofícios (inclusive o de meia--noite), fazer as refeições e o sono, o trabalho e os intervalos nas horas estabelecidas (*nunca reduzir o tempo passado diante do santíssimo Sacramento nem o tempo destinado aos exercícios espirituais*)... Amar a **pobreza** e a **cruz**: alegrar-se por passar privação e por sofrer: é *a união com* **Jesus**; quanto mais estreitamente abraçarmos a cruz, mais estreitamente o abraçaremos.

4º – Não pensar nas coisas materiais durante os exercícios espirituais, mas pensar incessantemente em **Deus** e rezar durante o trabalho material e as idas e vindas.

5º – Dedicar diariamente um tempo – tempo sagrado – à evangelização dos hóspedes, dos domésticos etc.

6º – Rosário diário em voz alta. Meia hora de preparação antes da Missa, uma hora e meia de ação de graças depois. Nunca omitir práticas da primeira hora de intervalo suplementar nem a meia hora de meditação pessoal sobre o santo Evangelho. Almoço às onze e meia, jantar às seis horas: obrigar-me à precisão, ainda que seja apenas para mortificar-me e ter autodomínio. Empregar os intervalos como está indicado no final do retiro.

7º – Comunhão espiritual muito frequente.

8º – Mais *caridade* para com o próximo: ver nele **Jesus**: caps. 28, 29, 30.

Mais *devoção* nas orações.

Mais *recolhimento*: praticar 19, 20, 21 do Regulamento.

Mais *humildade*: praticar o cap. 25 do Regulamento.

Mais *penitência*: disciplina, regularidade, vigílias, refeições.

Mais *pobreza*: alegrar-se com as privações.

Mais *atividade*: nada de lentidão, tibieza, indolência.

Mais *piedade* nos pensamentos: expulsar os pensamentos que não se referem ao Esposo.

Mais *regularidade* de vida: a piedade interior não pode existir sem regularidade exterior.

Mais *piedade* nas palavras: com os cristãos e com os indígenas.

Mais *paz*, interior e exterior.

9º – Nada de cartas-propaganda: em vez de fazer-me conhecido, esconder-me, como **Jesus** em Nazaré. Para fundar os irmãozinhos de **Jesus** é preciso não fazer propaganda e sim santificar-me e imitar em tudo **Jesus** em Nazaré.

10º – "Não resistir ao mal"... "Fazer o bem aos ingratos, como o Pai celeste"... Tratar os outros melhor do que a mim, vendo neles **Jesus**.

11º – Quanto às coisas materiais, fazer conscienciosa e tranquilamente o que for preciso para preparar o lugar para os irmãozinhos do Sagrado **Coração** de **Jesus**, alegrando-me com o insucesso e a penúria, pois então tenho a **cruz** e a **pobreza** de **Jesus**, os maiores bens que a Terra possa dar.

12º – *"Viver hoje como se devesse morrer mártir esta noite."*

Resumo anterior remanejado[32], no dia da festa do Sagrado Coração de Jesus, 1902 (forma definitiva):

I. *O que possso fazer a mais para glória de Deus, o que ele requer de mim, é a fundação dos irmãozinhos (e provavelmente das irmãzinhas) do Sagrado* **Coração** *de* **Jesus**.

II. *Para isso é preciso:* **1º** *santificar-me;* **2º** *santificar-me seguindo exatamente o Regulamento dos irmãozinhos do Sagrado* **Coração** *e sendo o modelo do que os outros devem ser;* **3º** preparar o Regulamento das irmãzinhas do Sagrado **Coração** de **Jesus**.

Para santificar-me seguindo exatamente o Regulamento dos irmãozinhos do Sagrado **Coração:**

1º – *Imitação de Nosso Senhor* **Jesus** *em Nazaré; adoração do santíssimo Sacramento; vida nos países de missões.*

2º – Mais *caridade* para com o próximo: ver nele **Jesus**; cap. 28, 29, 30.

Mais *devoção*: nas orações e em todo momento.

Mais *recolhimento*: praticar caps. 19, 20, 21 do Regulamento.

Mais *humildade*: praticar cap. 25 do Regulamento.

Mais *penitência*: disciplina, regularidade, vigílias, refeições, **cruz**.

Mais *pobreza*: alegrar-se com as privações.

Mais *atividade*: sem lentidão, tibieza, indolência.

Mais *piedade* nos pensamentos: expulsar pensamentos que não sejam sobre o Esposo.

Mais *piedade* nas palavras: com os cristãos e com os infiéis.

---

32. Baseando-se no resumo anterior de seu manuscrito, Charles de Foucauld efetuou reagrupamentos de acordo com nove temas. Então sentiu necessidade de reescrever seu resumo para dar-lhe uma "forma definitiva".

Mais *regularidade*: a piedade interior não pode existir sem regularidade exterior.

Mais *paz*: interior e exterior.

Em tudo isso, imitar Jesus em Nazaré.

3º – *Caridade*: – "Ser tudo para todos, com um único desejo no coração: dar a todos **Jesus**."

Fazer o bem das almas vir antes de tudo, ao mesmo tempo observando perfeitamente o Regulamento.

– Dedicar diariamente um tempo (tempo sagrado) à evangelização dos hóspedes, dos domésticos etc.

– "Não resistir ao mal"... "Fazer o bem aos ingratos, como o Pai celeste"... Tratar os outros melhor do que a mim, vendo neles **Jesus**... Não abandonar os pecadores e sim, ao contrário, ir em busca das ovelhas desgarradas, como o Bom Pastor.

4º – *Devoção*: – Todos os cuidados possíveis no ofício, buquê diário: cada um em sua hora, inclusive o de meia-noite; todos em voz alta.

– Rosário diário em voz alta.

– Meia hora de preparação antes da Missa, uma hora e meia de ação de graças depois.

– Empregar os intervalos como indicado no final das anotações do retiro anual de 1902.

– Nunca omitir práticas da primeira hora de intervalo suplementar nem a meia hora de meditação pessoal sobre o santo Evangelho.

– Nunca reduzir o tempo a passar diante do santíssimo Sacramento nem o tempo destinado aos exercícios espirituais.

– Pensar continuamente em **Deus** e rezar durante os trabalhos materiais e as idas e vindas.

– Comunhões espirituais muito frequentes.

5º – *Recolhimento*: – Nada de cartas para divulgar os irmãozinhos do Sagrado **Coração** de **Jesus**; em vez de fazer-me conhecido, *esconder-me, como* **Jesus** *em Nazaré*. Para fundar os irmãozinhos do Sagrado Coração de **Jesus** devo não me fazer conhecido mas santificar-me e levar perfeitamente a vida de irmãozinho do Sagrado Coração de **Jesus**, na imitação de **Jesus** em Nazaré.

6º – *Penitência*: – Amar a pobreza e a **cruz**: *alegrar-se por **passar privações e sofrer**: é a união com **Je-sus**. Quanto mais estreitamente abraçarmos a* **cruz**, *mais estreitamente o abraçaremos.*

7º – *Pobreza*: – Quanto às coisas materiais, fazer conscienciosa e tranquilamente o que for preciso para preparar o lugar para os irmãozinhos do Sagrado **Coração** de **Jesus**, alegrando-me com o insucesso e a penúria, *pois então tenho a* **cruz** *e a* **pobreza** *de* **Jesus**, *os maiores bens que a Terra possa dar.*

8º – *Regularidade*: – Precisão: dar os toques de sino; dizer os ofícios; fazer os intervalos; as refeições; dormir; trabalhar etc. nas horas estabelecidas.

– Almoço às onze e meia; jantar às seis horas. (atualmente)

9º – "*Viver hoje como se devesse morrer mártir esta noite.*"

10 de dezembro de 1902[33]

– Regra: refeições – sono – tempo dedicado às orações

– Caridade: ver no próximo **Jesus**.

---

33. Cópia de uma folha avulsa.

15 de dezembro de 1902

Ano 1902. Recapitulação:

1º – **Tibieza** *para com* **Jesus**: não rezo tão carinhosamente quanto poderia e deveria, nem rezo tanto.

2º – **Tibieza** *para com o próximo*: não vejo suficientemente **Jesus** no próximo; não o amo como a mim mesmo.

3º – **Tibieza** *diante da* **cruz**: não procuro sofrer, sou preguiçoso e guloso.

Natal de 1902

Faze milagres por mim e farei o mesmo por ti.

5

Retiro em Beni Abbès
1903

Resumo das resoluções de retiro anual, 1903

Resoluções de retiro anual, 1903. Para que **Deus** seja tão glorificado quanto possível por muitas almas: 1º fazer o possível para a fundação e o desenvolvimento dos irmãozinhos e das irmãzinhas do Sagrado **Coração** de **Jesus**; 2º fazer o possível para a conversão de Marrocos e das outras regiões que o Sagrado **Coração** indicará.

Promessas feitas em 2 de fevereiro de 1903. Prometido solenemente: 1º dedicar ao Sagrado **Coração** todas as obras apostólicas que empreenderei; 2º considerar-me, a mim e meus empreendimentos, durante toda minha vida, como estando sob proteção da bem-aventurada Margarida Maria.

Promessa feita na quarta-feira de cinzas de 1903[34]. Prometido: 1º empregar *todos os instantes* de minha vida em *salvar* Nosso Senhor, que se perde em todos os que se perdem: (pela oração, pela penitência, pelo exemplo, pela santificação pessoal, pela bondade, pelo santo Sacrifício, pelo santo Sacramento; pela fundação e desenvolvimento dos irmãozinhos e irmãzinhas do Sagrado **Coração** de **Jesus**, pela conversão de Marrocos e das outras regiões que o Sagrado **Coração** indicará).

---

34. 25 de fevereiro de 1903.

Eleição de 29 de setembro de 1903, festa de são Miguel. *Quis?* Um irmãozinho do Sagrado **Coração** de **Jesus** visando a maior perfeição. *Quid?* Ser um irmãozinho do Sagrado **Coração** de **Jesus** mais perfeito possível. *Ubi?* onde minha presença glorificar mais o Esposo, ou seja, em Beni Abbès (este ponto é central entre Zousfana[35], os Oásis e Marrocos; mais que qualquer outro, está perto de Marrocos, cuja população = 10 milhões de habitantes, enquanto a dos Oásis = 55.000 habitantes... Ademais, se Deus quiser que eu atravesse os Oásis, poderei ir confessar-me em El-Goléa passando por Timinoun... mas em caso algum devo trocar Beni Abbès, de onde tenho acesso aos 10 milhões de habitantes de Marrocos, pelos Oásis, cuja população, assim como a das regiões vizinhas, é relativamente nula). *Quibus auxiliis?* **Jesus.** *Cur?* por puro amor. *Quomodo?* na imitação mais perfeita possível de **Jesus.** *Quando?* "cum festinatione[36]".

Em 1903. Promessa feita a **Jesus:** fazer sempre o que for mais perfeito.

Em 1903. Promessa feita a **Jesus:** recitar sempre Noturnos e Laudes antes das 4 horas da manhã.

---

35. Região do Saara setentrional que em Beni Abbès se encontra com a região do rio Saoura e os Oásis do sul.

36. "Com pressa". Cf. Lc 1,39.

6

Retiro em Beni Abbès
1904

Retiro anual 1904 (antecipado):

29 de novembro, primeiro domingo do Advento.

Preliminares e cap. I. *1º. Observações:* "Quem quiser me servir siga-me"... Adoração do santíssimo Sacramento permanentemente exposto, amor ardente ao próximo, imitação da vida oculta de Nosso Senhor **Jesus** em Nazaré: são essas as principais características dos irmãozinhos do Sagrado **Coração** de **Jesus**. *2º. Exame:* não muita adoração do santo Sacramento, não muita vida de oração; não muito amor ao próximo, deixando de ver nele **Jesus**, não lhe dando suficientemente a esmola material nem a esmola espiritual das relações afetuosas; não muito trabalho material, não muita penitência, nem pobreza, nem rebaixamento. *3º. Resoluções:* pautar-me muito exatamente pela regra e por minhas resoluções anteriores: Fazer um caderninho de meus votos, promessas, resoluções, no início do qual colocarei a carta que mons. H. me escreveu em Naz. e minhas resoluções de retiros (subdiaconato, diaconato, sacerdócio e retiros anuais)... Fazer depressa pelo menos um, ou melhor, dois exemplares em formato pequeno das duas Regras[37]... Quanto ao sono, dormir seis horas por enquanto, cinco horas e três

---

37. Sem dúvida se trata da carta escrita em 30 de maio de 1899 pelo abade Huvelin, recebida em Nazaré e citada duas vezes por Charles de Foucauld em seus extratos da correspondência de seu diretor espiritual. As "duas Regras" são o Regulamento dos Irmãozinhos e o das Irmãzinhas.

quartos a partir do terceiro domingo do Advento, cinco horas e meia a partir do quarto domingo do Advento. Não me deitar mais. Dedicar à oração a hora tirada do sono... Fazer uma visita ao santíssimo Sacramento toda vez que eu me levantar à noite. Em cada visita ao santíssimo Sacramento fazer uma comunhão espiritual... Ver **Jesus** em todo ser humano e agir em conformidade... ter sempre presentes as palavras: "Dai a quem pede"... conversar com os que vêm até mim, para travar com eles relações amigáveis, doar-lhes para relacionar-me com eles e poder dar-lhes na conversa alguma esmola espiritual... amar os trabalhos mais grosseiros, penosos e abjetos e fazê-los preferencialmente, sempre que a obediência ou a caridade não me impeçam; dedicar fielmente ao trabalho as cinco horas diárias... desfazer-me rapidamente de tudo o que **Jesus** não teria em meu lugar... grande familiaridade com os pequenos, não comandá-los, viver como eles, tratá-los como meus iguais ou meus superiores, e com respeito... disciplina, penitência no comer, nas roupas, no sono, no trabalho. *4º. Resumo*: seguir a Regra e as resoluções tomadas: regularizar o sono, a esmola material e espiritual e o trabalho manual.

Cap. II. *1º. Observações:* "Este é meu **Corpo**, este é meu **Sangue**... Ficai aqui e vigiai comigo." *2º. Exame:* Não muito amor, respeito, tempo, regularidade diante do santíssimo Sacramento. *3º. Resoluções:* seguir a Regra; passar em oração diante do santo Sacramento o tempo tirado do sono toda noite. *4º. Resumo:* seguir a Regra e as resoluções anteriores. Regularizar o sono e passar em oração diante do santíssimo Sacramento o tempo tirado do sono regular.

Cap. III. *1º. Observações:* "Ide pelo mundo inteiro pregar o Evangelho a todas as criaturas." *2º. Exame:* devo permanecer em Beni Abbès ou visitar outros lugares? Oração, penitência, bondade, virtudes evangélicas, santificação pessoal, esmolas materiais e espirituais insuficientes para salvar os infiéis. *3º. Resoluções:* de acordo com a Regra, permanecer em Beni Abbès, exceto para cumprir deveres graves de caridade ou para estabelecer-me definitivamente em outro lugar: daqui a santa Hóstia se irradia... Para a oração, a penitência, a bondade, as virtudes evangélicas (inclusive solidão, humildade extrema (não temer vermes e insetos parasitas), silêncio, regularidade), a santificação pessoal, as esmolas materiais e espirituais, pautar-me pela Regra e pelas resoluções tomadas... conversar amigável e humildemente com os infiéis e manter com eles (por meio da esmola que pedem etc.) relações afetuosas. *4º. Resumo:* pautar-me pela Regra e pelas resoluções anteriores, particularmente quanto à estabilidade em Beni Abbès, ao sono e às relações afetuosas a manter com os indígenas.

Cap. IV. *1º. Observações:* "Quem não renunciar a tudo o que possui não pode ser meu discípulo"... Viver como irmãozinho muito ardoroso do Sagrado **Coração** de **Jesus**, como se eu houvesse feito seus votos. *2º. Exame:* terei renunciado a tudo o que deveria? Meus deveres de irmãozinho do Sagrado **Coração** de **Jesus** são bem cumpridos?.. O perfume de oração, de penitência, de virtudes, de vida evangélica, de imitação de **Jesus**, de santidade, de caridade, de fraternidade universal que deve exalar-se de uma fraternidade exala-se desta aqui? *3º. Resoluções:* seguir a regra e as resoluções anteriores, particularmene com relação à oração, à disciplina, à alimentação, à santa pobreza, à beneficência, ao sono e às relações afetuosas a ser mantidas com os infiéis. *4º. Resumo:* seguir perfeitamente a Regra e as resoluções anteriores, particularmente no que se refere ao amor sobrenatural a **Jesus** no próximo, à beneficência, ao sono e às relações afetuosas a manter com os infiéis. *4º. Resumo:* seguir perfeitamente a Regra e as resoluções anteriores, particularmente no que se refere ao amor sobrenatural de **Jesus** ao próximo, à beneficência, ao sono e às relações afetuosas com os infiéis.

Cap. V. *1º. Observações:* "Permanecei em mim e permanecerei em vós. Quem permanece em mim, e eu nele, dá muito fruto."... Todos os pontos da Regra ligam-nos na medida de nosso amor. *2º. Exame:* Observo suficientemente bem o Regulamento: para a oração? a penitência? o trabalho manual? o horário? a santa Pobreza? o sono? a alimentação? as leituras? a beneficência? o espírito interior? o zelo pelas almas? *3º. Resoluções:* seguir muito exatamente o Regulamento e as resoluções anteriores, particularmente com relação ao trabalho manual, ao sono, à beneficência, às relações afetuosas com os infiéis. *4º. Resumo:* seguir muito exatamente o Regulamento e as resoluções tomadas anteriormente, particularmente com relação ao sono, à beneficência, ao trabalho manual, às relações afetuosas com os infiéis.

30 de novembro, segunda-feira, santo André.

Cap. VI. *1º. Observações:* "Quem não renunciar a tudo o que possui não pode ser meu discípulo."... Não nos é permitido solicitar doações, em espécie ou em dinheiro, exceto 1º para fazer fundações; 2º em caso de premente necessidade nossa ou do próximo. *2º. Exame:* o trabalho manual feito na fraternidade está em conformidade com a regra e a pobreza?... As coisas pedidas são todas de necessidade premente? A alimentação, o mobiliário, as roupas são conformes com a pobreza? *3º. Resoluções:* fazer um exame do que é da fraternidade e de uso meu, e doar o mais rápido possível o que estiver a mais... ser muito fiel à regra, à imitação de **Jesus** e à santa Pobreza no que se refere ao trabalho manual... Seguir o Regulamento quanto à alimentação e às roupas... Vigiar-me para não fazer pedidos grandes nem pequenos a menos que haja necessidade urgente minha ou dos outros. *4º. Resumo:* ser muito fiel ao Regulamento, com espírito de imitação de **Jesus**, particularmente com relação ao trabalho manual, à pobreza, à alimentação, às roupas, à beneficência... Vigiar-me para não fazer pedidos grandes nem pequenos a menos que haja grande necessidade minha ou do próximo... Passar em revista tudo o que é da fraternidade e doar tudo que houver a mais.

Cap. VII. *1º. Observações:* "Desceu com eles e foi para Nazaré... Vendo-se cercado por uma grande multidão, **Jesus** mandou que passassem para a outra margem." *2º. Exame:* no passado e em meus projetos terei eu guardado com a devida fidelidade a clausura? ... Respeitei-a devidamente com relação às mulheres?... Há algo a fazer seja para clausura total da fraternidade ou para o perímetro dos 5 pátios?... conduta a manter com os domésticos ou assimilados. *3º. Resoluções:* seguir exatamente a Regra quanto à clausura: portanto, não sair dela, a não ser para ver doentes graves, para estabelecer-me definitivamente em outro lugar ou para eu mesmo receber os Sacramentos indispensáveis... Não deixar mulheres entrarem sem necessidade e só deixá-las pernoitar nos limites estabelecidos pela Regra... cuidar muito bem do espiritual e do material dos domésticos ou assimilados... quanto à clausura geral e à clausura de partes – outras construções, fazê-las, mas com pressa moderada, não com uma urgência excessiva, guiando-me pelos acontecimentos. *4º. Resumo:* ser muito fiel à Regra, em tudo e particularmente com relação à clausura, seja para sair dela, seja para a entrada de mulheres, para o erguimento das barreiras ou para a evangelização dos domésticos.

Cap. VIII. *1º. Observações:* "Amarás a **Deus** com todo teu coração, com toda tua alma, com todo teu entendimento, com todas tuas forças: esse é o primeiro mandamento."... "**Jesus** foi para um monte a fim de orar e ali passou a noite orando a **Deus**."... "Pai nosso que estais no céu, Santificado seja vosso nome, venha a nós o vosso reino, seja feita vossa vontade, assim na terra como no céu. O pão nosso de cada dia nos dai hoje"... "Uma única coisa é necessária."... *2º. Exame:* a oração que se eleva da fraternidade, a que se eleva do coração e dos lábios deste pecador que **Jesus** fez seu sacerdote são exatamente o que devem ser? *3º. Resoluções:* rezar muito melhor, interior e exteriormente: interiormente expulsando as distrações, fazendo o necessário para ser amoroso e ardente; exteriormente seguindo a Regra e as resoluções anteriores quanto à regularidade e ao sono. *4º. Resumo:* seguir muito exatamente a Regra e as reso-luções anteriores, particularmente com relação à prece e ao sono – Suplicar a **Jesus** que me faça amá-lo, obe-decer-lhe e imitá-lo.

Cap. IX. *1º. Observações:* "**Isto é meu corpo... Isto é meu sangue.**" *2º. Exame:* a missa, a ação de graças, a preparação, a aplicação, a preparação a distância , a ação de graças a distância são o que devem ser? *3º. Resoluções:* seguir a Regra e as resoluções anteriores muito exata-mente, particularmente com relação à prece, ao sono e à visão sobrenatural de **Jesus** no próximo. Dedicar à *preparação* a meia hora de oração que antecede imediata-mente a missa; procurar ter sempre uma hora inteira de oração depois da meia hora de ação de graças obrigatória... ter sempre presente na mente a festa de Natal que é a missa. *4º. Resumo:* seguir muito exatamente a Regra... ter sempre presente na mente o Natal que é a missa e nunca deixar de renovar com muita frequência durante o dia (entre outras vezes, sempre que eu entrar no oratório), por meio de comunhões espirituais, a comunhão da missa... Procurar ter meia hora de oração antes da missa para preparar-me, uma hora e meia de oração depois para adorar o hóspede divino... Que a ação de graças prossiga durante todo o dia depois da missa; que a preparação dure toda a parte do dia que decorre antes da missa.

Cap. X. *1º. Observações:* "Eu estou em meu Pai, vós estais em mim e eu em vós."... "Eis que vem o Esposo." *2º. Exame:* minhas comunhões, minhas confissões são o que devem ser? *3º. Resoluções:* Na missa, depois da comunhão sob as duas espécies, deter-me um momento em cada uma; não ter receio de prolongar um pouco essa pausa; seguir muito exatamente a Regra, particularmente com relação à prece, ao sono, à preparação e à ação de graças da missa. *4º. Resumo:* seguir exatamente a Regra e as resoluções anteriores, especialmente com relação à prece, ao sono, à preparação e à ação de graças da missa.

Cap. XI. *1º. Observações:* "Quem vos escuta me escuta." *2º. Exame:* consulto suficientemente meu diretor espiritual? *3º. Resoluções:* escrever com mais frequência a mons. Huvelin, expor-lhe o estado de minha alma, de minha consciência, minhas indecisões. *4º. Resumo:* seguir muito bem o Regulamento, particularmente quanto à orientação a ser recebida.

Cap. XII. *1º. Observações:* "Segui-me!" *2º. Exame:* a explicação do santo Evangelho, o retiro anual são o que devem ser? *3º. Resoluções:* preparar melhor a explicação do santo Evangelho. Fazer com muito rigor o retiro... quando estiver sozinho, substituir o catecismo de domingo por uma leitura teológica moral feita na mesma hora. *4º. Resumo:* seguir exatamente a Regra, particularmente quanto à explicação do santo Evangelho (preparando-a cuidadosamente), ao catecismo de domingo (substituindo-o, quando estiver só, por uma leitura teológica) e ao retiro anual (fazendo-o com grande recolhimento).

Cap. XIII. *1º. Observações:* "Quem não carregar sua cruz e não me seguir não é digno de mim... Se o sal perder seu sabor, só serve para ser jogado na terra e pisado por todos... Se o grão de trigo não morrer, ficará só... Ele jejuou durante quarenta dias e quarenta noites... Foi a um monte para orar e ali passou a noite em oração... Esses demônios só são expulsos pela oração e pelo jejum". *2º. Exame:* minhas vigílias, o jejum, as penitências, as devoções são o que devem ser? *3º. Resoluções:* seguir muito exatamente a Regra e as resoluções tomadas anteriormente quanto ao sono, à disciplina; passar o maior tempo possível com o Esposo **Jesus** no santíssimo Sacramento. *4º. Resumo:* seguir exatamente Regulamento e resoluções anteriores, particularmente quanto a sono, disciplina, fervor em passar o maior tempo possível diante do santíssimo Sacramento.

Cap. XIV. *1º. Observações:* "Vim para servir e dar minha vida...Estou entre vós como aquele que serve... O bom Pastor dá a vida por suas ovelhas... Tenho outras ovelhas, preciso trazê-las... Pôr fogo na Terra." *2º. Exame:* o zelo pelas almas, o cuidado de ter os conhecimentos necessários são suficientes? *3º. Resoluções:* visão sobrenatural de **Jesus** em todo ser humano; beneficência material em conformidade com o Regulamento; beneficência espiritual consistindo em conversas afetuosas com as pessoas, principalmente com os infiéis; emprego dos intervalos de acordo com as resoluções anteriores (pôr suas indicações no breviário); no domingo, teologia dogmática. *4º. Resumo:* seguir o Regulamento e as resoluções anteriores com relação à caridade para com o próximo, à visão de **Jesus** nele, ao zelo em salvá-lo, à beneficência material e espiritual (principalmente por meio de conversas afetuosas), ao uso dos intervalos; nos domingos, dedicar uma ou várias horas à teologia dogmática, ao ritual e à liturgia. Colocar no breviário anotação sobre emprego do tempo.

Cap. XV. *1º. Observações:* "Não trabalheis pelo pão que perece e sim por aquele que dura eternamente." *2º. Exame:* descanso o bastante nos domingos e festas? faço descansarem o bastante? *3º. Resoluções:* cuidar para que nem eu nem os domésticos da fraternidade nem os vizinhos trabalhem nos domingos. *4º. Resumo:* seguir a Regra e as resoluções anteriores; nunca trabalhar nem mandar trabalhar nos domingos e festas; passá-los diante do santíssimo Sacramento.

Cap. XVI. *1º. Observações:* "Buscai primeiramente o reino de **Deus** e sua justiça, e tudo o mais vos será dado de acréscimo."... "Trabalhai não pelo alimento que perece, mas por aquele que dura eternamente". *2º. Exame:* terei dedicado tempo demais às coisas materiais e não o suficiente às espirituais... terei sempre empregado os intervalos como deveria... terei ficado diante do santo Sacramento tanto quanto possível? *3º. Resoluções:* seguir com muita exatidão o Regulamento e as resoluções anteriores com relação aos intervalos; em caso de dúvida sempre dar predominância às coisas espirituais, à "parte melhor", ao recolhimento silencioso aos pés de **Jesus**. *4º. Resumo:* seguir com muita exatidão o Regulamento e as resoluções anteriores, particularmente quanto aos intervalos e seu uso; ter seu uso detalhado por escrito no breviário; em caso de dúvida sempre dar prioridade aos exercícios espirituais sobre as ocupações temporais... ficar aos pés do santo Sacramento em vez de ausentar-me dele, aumentar o tempo de recolhimento e de prece ("a parte melhor"), reduzindo o que é dado ao exterior, ao material, à conversa (seguindo o exemplo de **Jesus** em Nazaré, no deserto, e suas palavras para santa Madalena).

Cap. XVII. *1º. Observações:* "Amareis a **Deus** com todas vossas forças, todo vosso entendimento, todo vosso coração: esse é o primeiro e o maior mandamento."... "Ide pelo mundo inteiro pregar o Evangelho a todas as criaturas."...A hora mais bem empregada de nossa vida é aquela em que mais amamos **Jesus**. *2º. Exame:* estarei dando às leituras o tempo que devo dar? estarei fazendo-as como devem ser? *3º. Resoluções:* seguir com muita exatidão o Regulamento e as resoluções anteriores, particularmente quanto às leituras; fazer uma lista das leituras a ser feitas tanto nos dias úteis como nos dias de descanso e tê-la dentro do breviário; nessas leituras, não esquecer santa Teresa, são João da Cruz, são João Crisóstomo, a teologia moral e a teologia dogmática. *4º. Resumo:* seguir com muita exatidão o Regulamento e as resoluções anteriores quanto a leituras intervalos e leituras refeições. Ter no breviário lista leituras a fazer dias úteis e descanso (santa Teresa, são João da Cruz, são João Crisóstomo, teologia moral e dogmática). Interromper com frequência a leitura para fazer comunhão espiritual e adorar **Jesus**.

Cap. XVIII. *1º. Observações:* " Amareis a **Deus** com todo vosso coração, com toda vossa alma e com todo vosso entendimento: esse é o primeiro e o maior mandamento. O segundo é semelhante: amareis ao próximo como a vós mesmos. Nesses dois mandamentos está contida toda a lei." *2º. Exame:* meus estudos sacros são suficientes? estou fazendo-os do modo como devem ser? *3º. Resoluções:* seguir exatamente o Regulamento e as resoluções anteriores quanto aos estudos sacros; não omitir a leitura do ritual, das rubricas, do cerimonial; ao ler, elevar com frequência a alma a **Jesus**. *4º. Resumo:* seguir exatamente o Regulamento e as resoluções anteriores quanto às leituras e à frequente elevação da alma a **Deus** quando leio.

Cap. XIX. *1º. Observações:* "Desceu com eles e foi para Nazaré." *2º. Exame:* minhas falas, minhas cartas são as de Jesus em Nazaré? São excessivas? São suficientes? São o que devem ser? *3º. Resoluções:* diminuir (em geral) o tamanho das cartas, mas não seu número; falar (em geral) pouco tempo com cada pessoa e pesar meus termos para dizer com palavras precisas e breves tudo o que houver para dizer; orar (fazer uma comunhão espiritual) antes de abordar alguém por carta ou falando... falar de Deus, de **Jesus** mais do que falo... aumentar minhas conversas com os pequenos, encurtá-las com os grandes... Quando embaraçado, rezar... Quando em dúvida, calar-me. *4º. Resumo.* seguir exatamente o Regulamento quanto a falas e correspondência... reduzir (em geral) o tamanho de ambas, sem diminuir seu número... ao abordar alguém oralmente ou por carta, fazer uma comunhão espiritual e suplicar a **Jesus** que me faça dizer o que ele mesmo diria... se embaraçado, rezar... se em dúvida, calar-me.

Cap. XX. *1º. Observações:* "Meu reino não é deste mundo... Casei-vos como virgem casta com um único Esposo, Cristo[38]". *2º. Exame:* sou devidamente pobre e desapegado dos bens terrestres, não procuro obtê-los, sou devidamente alheio ao que acontece na Terra, devidamente alheio às coisas profanas, devidamente silencioso, deevidamente perdido e crucificado e morto para o mundo, perdi devidamente o espírito do mundo, sou devidamente "todo do Esposo"? A regra de pedir às pessoas de fora que não nos falem do que está acontecendo no mundo é adequadamente observada? Esqueço realmente meu passado e guardo silêncio sobre ele? Acaso não recebo pessoalmente algumas coisinhas do mundo? Meus pensamentos, palavras, ações são regulados unicamente pela *fé* e alheios às maneiras do mundo? Sou devidamente alheio aos assuntos políticos e mundanos? *3º. Resoluções:* amar ser roubado; como **Jesus**, confiar o pouco que tenho a um ladrão (procurando, além disso, converter esse ladrão), doar tudo o que houver na casa e puder ser doado; doar três dias seguidos aos viajantes; nas vésperas de festas, dar aos pobres o que eu puder; quando me falarem de coisas mundanas ou profanas, dizer que me ocupo unicamente de Deus; guardar mais silêncio sobre meu passado. *4º. Resumo:* seguir exatamente o Regulamento em tudo a que se refere este capítulo. *Reler este capítulo XX* no último dia do retiro... Lembrar-me com frequência de Judas Iscariotes e oferecer a **Jesus** tudo o que for roubado, alegre e amorosamente; doar tudo o que puder ser doado (ou seja, o que, segundo o Regulamento, não dever ficar para a sacristia, para os hóspedes ou para mim). Fazer distribuição nas vésperas de festas, doar cevada para desconhecidos três dias seguidos.

---

38. Cf. 2Cor 11,2.

Cap. XXI. *1º. Observações:* "Dai a Deus o que é de Deus... Amai a Deus com todo vosso coração, com toda vossa alma, com todas vossas forças". *2º. Exame:* estarei devidamente vazio de amor desordenado pelas criaturas: pelas coisas materiais, por meu corpo, por minha mente, por minha alma, por minha vontade, pelos outros seres humanos, por tudo o que não for **Jesus**?.. Não cometo *roubo* para com **Jesus** dedicando parcelas de meu tempo, de meu coração, de minha mente, de minha memória a outras coisas que não ele e o que me comanda: *roubos* ainda mais graves porque lhe fiz uma promessa a respeito disso? *3º. Resoluções:* controlar muito o uso de meu tempo, fazer sobre isso meu exame particular. Reler este capítulo no último dia do retiro. Cuidar muito para não dedicar mais tempo e atenção às coisas materiais, que **Jesus** não quer isso, e para não ter nenhum apego a elas. *4º. Resumo:* seguir muito exatamente o Regulamento no que se refere a este capítulo XXI; relê-lo no último dia do retiro... Fazer o exame particular sobre o uso do tempo para não cometer *roubo* contra Deus... Trabalhar em desapegar-me das coisas materiais dando a quem pedir, emprestando a quem quiser tomar emprestado, deixando-me espoliar sem resistir ao mal e deixando aquele que quiser o manto levar também a túnica, sentindo alegria em ser espoliado para assemelhar-me a **Jesus**.

Cap. XXII. *1º. Observações:* "Quem vos escuta me escuta." *2º. Exame:* o Regulamento é devidamente seguido nisso? *3º. Resoluções:* separar já em primeiro de janeiro (que esse seja um dos primeiros atos do ano) o óbolo de são Pedro[39]. Ser fiel a este capítulo do Regulamento... Ser devotado à santa Igreja não só rezando por ela e obedecendo-lhe, mas também esforçando-me para

---

39. Cf. nota 26, p. 110.

sua santificação e seu desenvolvimento; obedecer muito fielmente aos superiores eclesiásticos: orar muito pelos eclesiásticos e religiosos; trabalhar em tudo que for apropriado para desenvolver e santificar a Igreja. *4º. Resumo:* seguir fielmente o Regulamento no que se refere a este capítulo: obediência zelosa aos superiores eclesiásticos; oração e zelo solícito pela Igreja, pelos eclesiásticos e religiosos; colaboração zelosa em tudo o que for apropriado para desenvolver e santificar a Igreja (na medida autorizada pelo Regulamento).

Cap. XXIII. *1º. Observações:* "Quem vos escuta me escuta." *2º. Exame:* sou o que devo ser para meus superiores e diretores? Trabalho bastante com as mãos? Dou tempo bastante para a oração, a leitura, o estudo? *3º. Resoluções:* seguir muito exatamente o Regulamento e as resoluções anteriores; sempre colocar os trabalhos espirituais na frente dos materiais; trabalhar com as mãos quando o trabalho espiritual estiver concluído. *4º. Resumo:* seguir Regulamento e resoluções anteriores... colocar os trabalhos espirituais na frente dos materiais; trabalhar com as mãos quando os trabalhos espirituais estiverem concluídos.

Cap. XXIV. *1º. Observações:* "Dai a quem vos pede; não recuseis àquele que quiser tomar emprestado... Se quiserem tomar-vos o manto, dai também a túnica." *2º. Exame:* A caridade para com o próximo, o espírito sobrenatural de ver **Jesus** em todo ser humano são o que devem ser? Cumpro meu ofício de sacristão com o espírito interior necessário? Cumpro o ofício de capelão com a caridade, a mansidão, o espírito interior necessários, imitando **Jesus** em Nazaré e fazendo o perfume de suas virtudes ser respirado fora daqui? Nessas funções deixo

Jesus viver e agir em mim? *3º. Resoluções:* seguir exatamente o Regulamento neste capítulo e em tudo; empenhar-me especialmente em cumprir a função de sacristão como a cumpria a santa Virgem, e a de capelão como a cumpria **Jesus** em Nazaré. *4º. Resumo:* seguir exatamente o Regulamento e as resoluções anteriores, particularmente quanto aos deveres de sacristão e de capelão.

Cap. XXV. *1º. Observações:* "Sou manso e humilde de coração." *2º. Exame:* sou devidamente manso, devidamente humilde, faço devidamente meus exames de consciência, peço devidamente perdão por meus pecados? *3º. Resoluções:* seguir com exatidão o Regulamento nisso e em tudo, imitar a humildade e a mansidão de **Jesus**, deixá-lo viver em mim, fazer bem meus exames de consciência e pedir perdão, enfatizar mais o "Perdoai" do Pater. *4º. Resumo:* seguir o Regulamento e as resoluções anteriores, particularmente quanto à humildade e à mansidão; imitar **Jesus** em sua humildade e sua mansidão, *deixá-lo viver em mim...* Fazer bem os exames de consciência.

Cap. XXVI. *1º. Observações:* "Quero que neste convento os doentes recebam um cuidado especial, quero que se deleitem"[40]. *2º. Exame:* não cuido demais de meu corpo, em prejuízo de minha alma? *3º. Resoluções:* seguir com exatidão as resoluções anteriores e o Regulamento, particularmente quanto ao sono, à alimentação, às penitências. *4º. Resumo:* seguir o Regulamento e as resoluções anteriores.

Cap. XXVII. *1º. Observações:* "Dai a quem pede... Não recuseis a quem quer tomar emprestado... Cada vez

---

40. Palavras de Jesus a santa Teresa de Ávila.

que tiveres feito esse bem a um desses pequenos, é a mim que o fizestes." *2º. Exame:* sigo corretamente o Regulamento nisso? *3º. Resoluções:* seguir o Regulamento. *4º. Resumo:* seguir o Regulamento.

Cap. XXVIII. *1º. Observações:* "Tive fome e me destes de comer, tive sede e me destes de beber. Tudo que fizestes a um desses pequenos, a mim o fizestes... O filho do homem não veio para ser servido, mas para servir e para dar sua Vida em resgate de muitos... Eu vos envio como a ovelhas no meio dos lobos". *2º. Exame:* Trago devidamente todos os homens em meu coração, como o Sagrado **Coração?** tenho cedido devidamente meus direitos? nunca terei resistido ao mal? fui bastante manso em palavras, em pensamentos? cumpri perfeitamente o ponto da regra que proíbe ter armas? Dei a quem pede, emprestei a quem pede, dei meu pão aos outros? dividi com os pobres meu último bocado, como a viúva de Sarepta[41]? Sou bastante manso e humilde com todos, mesmo com os maus? Vejo devidamente em todo homem uma alma a ser salva? Sou bastante corajoso diante dos homens? bastante corajoso em semear o Evangelho? *3º. Resoluções:* seguir o Regulamento e as resoluções anteriores muito exatamente. Reler este capítulo *XXVIII* no último dia do retiro. Ver mais **Jesus** no próximo. Ser mais caridoso, humilde e manso. *4º. Resumo:* seguir o Regulamento e as resoluções anteriores. Reler o capítulo XXVIII no último dia do retiro. Ter mais espírito sobrenatural nas relações com o próximo; ver mais em todo ser humano **Jesus** e uma alma a ser salva; mais beneficência material e espiritual e mais mansidão.

---

41. Cf. 1Rs 17,15.

Cap. XXIX. *1º. Observações:* "Amai o próximo com a vós mesmos." *2º. Exame:* Faço o que devo pela alma do próximo? *3º. Resoluções:* seguir muito exatamente o Regulamento: falar mais com os indígenas, manter com eles relações afetuosas; fazer em hora fixa, não no oratório, breve instrução para catecúmenos, que todos possam ouvir se quiserem. Ir todo ano passar alguns meses em Akabli[42]. *4º. Resumo:* seguir exatamente o Regulamento. Diariamente, em hora fixa, instrução pública aos catecúmenos, podendo ser ouvida por todos. Falar mais com os indígenas e manter com eles relações afetuosas.

Cap. XXX. *1º. Observações:* Toda vez que o fizestes a um desses pequenos, a mim o fizestes. Toda vez que deixastes de fazê-lo, foi a mim que não o fizestes."... Quando oferecerdes uma refeição, não convideis vossos amigos ricos, [mas] os estropiados, os cegos." *2º. Exame:* faço pelos pobres, pelas crianças e os velhos sem asilo, pelos viajantes, pelos infelizes, o que devo? Vejo **Jesus** no próximo? A fraternidade é o asilo, o refúgio, o lugar de amor que ela deve ser? *3º. Resoluções:* quando me pedirem esmola, hospitalidade ou outra coisa, fazer o que Deus faria ("Sede perfeito como vosso Pai celeste"), ou seja, o que for melhor para as almas, inclinando-me sempre para a misericórdia, como o Pai celeste, "que é bom para os maus e os ingratos e dá a chuva e o sol aos justos e aos injustos". *4º. Resumo:* seguir muito exatamente o Regulamento. Reler o capítulo XXX no último dia do retiro... Quanto à esmola, não esquecer os pobres envergonhados e, para os que pedem, dar-lhes de acordo com as palavras "dai a quem pedir", a menos que eu não possa ou que isso seguramente faça mal aos que pedem

---

42. Foi em Akabli, região habitada pelos tuaregues na fronteira com o Mali, que Foucauld, tomando aulas particulares e convivendo com os habitantes, aprendeu a língua tuaregue [N.T.].

(nesse caso recusar, como Deus recusa àquele que pede uma pedra julgando pedir pão)... Conhecer as pessoas da região, para poder fazer o bem aos que necessitam e manter relações afetuosas com todos.

Cap. XXXI. *1º. Observações:* "Não é ele o filho do carpinteiro?" *2º. Exame:* trabalho bastante com as mãos? demais? como devo? contemplando **Jesus**? Procurador secular? *3º. Resoluções:* seguir exatamente o Regulamento quanto ao trabalho manual; fazer primeiro todo o trabalho espiritual antes de começar o trabalho material; nunca dedicar ao trabalho material mais tempo do que o Regulamento permite; não trabalhar sem ao mesmo tempo contemplar **Jesus**; procurar ter um procurador secular. *4º. Resumo:* seguir exatamente o Regulamento e as resoluções anteriores com relação ao trabalho manual; sempre cumprir todos os deveres e trabalhos espirituais antes de iniciar os temporais; nunca dedicar aos trabalhos materiais mais tempo do que o Regulamento permite; contemplar **Jesus** enquanto trabalho; procurar ter um procurador secular.

Cap. XXXII. *1º. Observações:* "Se o grão de trigo não morrer, ficará só." *2º. Exame:* quanto a alimento, quanto a bebida, faço o que devo? Aos hóspedes, dou o que devo? *3º. Resoluções:* seguir exatamente a Regra e continuar como faço, dando aos desconhecidos que não pernoitam aqui sua alimentação durante três dias... Nunca beber vinho, exceto nos casos determinados. *4º. Resumo:* seguir exatamente o Regulamento e as resoluções anteriores. Aos estranhos que não pernoitam na fraternidade dar víveres pelo menos durante os três primeiros dias de sua chegada.

Cap. XXXIII. *1º. Observações:* "O filho do homem não tem onde repousar a cabeça; o discípulo não está acima do mestre." *2º. Exame:* será que não fujo do sofrimento? tenho hábitos suficientes? não tenho hábitos demais? são o que devem ser? *3º. Resoluções:* alegrar-me quando sofro. Seguir exatamente a Regra. *4º. Resumo:* seguir fielmente o Regulamento quanto às roupas. Fazer um exame rigoroso do que há na fraternidade e doar o que não for necessário e não estiver feito de acordo com o Regulamento.

Cap. XXXIV. *1º. Observações:* "O filho do homem não tem uma pedra onde repousar a cabeça." *2º. Exame:* os edifícios da fraternidade são suficientes? grandes demais? como devem ser? *3º. Resoluções:* seguir o Regulamento e as resoluções anteriores... Não construir mais, exceto se me for oferecido ou se eu tiver irmãos. *4º. Resumo:* Seguir o Regulamento. Não construir mais, exceto se me for oferecido ou se eu tiver irmãos.

Cap. XXXV. *1º. Observações:* "Não é ele o filho do carpinteiro?"... *2º. Exame:* não tenho nada em excesso? o que há é como deve ser? devo procurar ter outra coisa? *3º. Resoluções:* seguir exatamente o Regulamento. Examinar o que há na fraternidade e doar imediatamente o que houver em excesso. Em viagem, sempre levar as imagens que são postas em cada cela; se a viagem for um pouco longa, levar uma via-sacra. *4º. Resumo:* seguir o Regulamento. Examinar o que há na fraternidade e doar o que estiver em excesso... Colocar cruzes, Sagrado Coração e abençoar os lugares da fraternidade onde isso não foi feito... Em viagem, levar as imagens que são postas em cada quarto e, se a viagem for longa, levar uma via--sacra: em viagem, meu quarto é sempre a Igreja.

Cap. XXXVI. *1º. Observações:* "O zelo de vossa casa devorou-me." *2º. Exame:* na capela e na sacristia há o suficiente? demais? estão em ordem? são bem cuidadas? *3º. Resoluções:* seguir exatamente o Regulamento, pedir as pequenas coisas que faltam, mas muito discretamente; manter os panos e os ornamentos mais limpos, em melhor estado. *4º. Resumo:* seguir muito exatamente o Regulamento com relação às capelas e sacristias.

Cap. XXXVII. *1º. Observações:* "Quem me negar na Terra eu o negarei no céu; quem der testemunho de mim na Terra eu darei testemunho dele no céu." *2º. Exame:* sou devidamente *pequeno*, devidamente *irmão* de todos os homens, devidamente *ardente* de caridade para com Deus e os homens? *3º. Resoluções:* seguir exatamente o Regulamento e as resoluções anteriores, particularmente quanto à oração, à visão sobrenatural de **Jesus** no próximo, às relações afetuosas com todos, à beneficência material e espiritual, à humildade, ao santo rebaixamento, ao sono, à imitação de **Jesus**. *4º. Resumo:* seguir muito exatamente o Regulamento e as resoluções anteriores.

Cap. XXXVIII. *1º. Observações:* "Sede prudentes como serpentes e simples como pombas... Salvar o que estava perdido... Toda vez que fizestes o bem a um desses pequenos que são meus irmãos, a mim o fizestes. Toda vez que não o fizestes, foi a mim que não o fizestes... Ide, ensinai a todos os povos, ensinai-os a observar tudo o que vos mandei... Não há amor maior do que dar a vida por quem amamos... Segui-me." *2º. Exame:* em viagem, sou o que devo ser? Levo o que devo levar? Quanto às fundações, faço o que devo fazer? *3º. Resoluções:* seguir o Regulamento com relação a viagens e fundações... Recolhimento e oração e ofício divino nas viagens. Sobre as viagens a fazer ou não fazer, seguir o Regulamento... Quanto à pobreza, preferir ser mais pobre e não menos, pois a conformidade com Nosso Senhor será melhor observada... *4º. Resumo:* seguir o Regulamento. Devo viajar para Tidikelt? para Tafilalet[43]?

Cap. XXXIX. *1º. Observações:* "Segui-me... O primeiro mandamento é amar a Deus com todo seu coração; o segundo é amar ao próximo como a si mesmo." *2º. Exame:* devo tocar o sino à meia-noite? Faço o que devo com relação aos horários? aos toques de sino? ao catecismo? ao emprego do tempo? *3º. Resoluções:* seguir as resoluções anteriores e o Regulamento, particularmente quanto ao ofício divino, ao Veni Creator de meia-noite, ao sono, ao uso do tempo. Não tocar o sino à meia-noite. *4º. Resumo:* seguir muito exatamente as resoluções anteriores e o Regulamento, particularmente quanto ao horário, à regularidade, ao sono, à oração, ao Veni Creator de meia-noite.

Cap. XL. *1º. Observações:* "Não há amor maior do que dar a vida por quem amamos." *2º. Exame:* preparo-me devidamente para o martírio? *3º. Resoluções:* seguir exatamente o Regulamento e as resoluções anteriores... Ir a Tafilalet, se puder... Ter sempre comigo e colocar nas celas dos irmãos a inscrição: "Vive como se devesses morrer mártir hoje." *4º. Resumo:* seguir muito

---

43. Tidikelt é a região dos oásis saarianos no sul da Argélia, enquanto Tafilalet situa-se no Marrocos meridional e dá acesso à região do *oued* (rio) Draa, na qual Charles de Foucauld pensava em fundar uma fraternidade. Em janeiro de 1904 ele decide ir para Tidikelt, onde seu amigo Laperrine organiza uma "viagem de familiarização" entre os tuaregues. Será o início do direcionamento de Charles de Foucauld para a região das montanhas Hoggar, na qual se localiza Tamanrasset; ele nunca irá a Tafilalet.

fielmente o Regulamento e as resoluções anteriores; ir a Tafilalet, se puder; ter sempre comigo e colocar em todas as celas dos irmãos a inscrição: "Vive como se devesses morrer mártir hoje".

* * *

Resoluções do retiro

– *Seguir exatamente o Regulamento e as resoluções e promessas passadas*, particularmente com relação à oração, à vigília, à beneficência espiritual e material, ao horário, ao trabalho manual.

– Regularizar o sono.

– Regularizar a esmola material (fazer o que "o Pai celeste" faria, ou seja, o que for mais útil para as almas)... Ver **Jesus** em todo ser humano.

– Regularizar a esmola espiritual (relações afetuosas, conversas afetuosas com todos, conhecer cada um e seus assuntos; manter relações afetuosas com todos os indígenas; diariamente, em hora fixa, instrução aos catecúmenos fora da Igreja, podendo ser ouvida por todos, em hora fixa).

– Passar todo o tempo possível diante da santa Hóstia (particularmente todo o tempo tirado do sono será passado em oração diante dela).

– Regularizar o trabalho manual (empregar: 1º nos exercícios espirituais, todo o tempo determinado pelo horário e o tempo tirado do sono regular; 2º nas ocupações espirituais ou materiais determinadas pela obediência ou pela caridade, tanto tempo quanto necessário tirado do trabalho manual e, se não bastar, do sono; 3º no trabalho manual, o que restar do tempo prescrito para o trabalho manual).

– Não pedir doações, exceto em caso de grande necessidade minha ou do próximo.

– Passar em revista o que há na fraternidade e doar o que houver em excesso.

– Evangelizar cuidadosamente os domésticos.

– Suplicar a **Jesus** que eu o ame, obedeça-lhe, imite-o.

– Quando possível, ter meia hora de oração antes da missa e uma hora e meia de oração depois.

– Preparar diariamente a explicação do santo Evangelho.

– Disciplina.

– Nos domingos, dedicar algum tempo à teologia dogmática, ao ritual e aos estudos eclesiásticos.

– Disciplina.

– Não trabalhar nem fazer trabalharem nos domingos e festas; passá-los diante do santíssimo Sacramento.

– Pôr no Breviário anotação do uso do tempo.

– Pôr no Breviário anotação de meus votos, promessas, resoluções.

– Pôr no Breviário leituras dias úteis e de descanso.

– Familiaridade, igualdade, humildade para com os pequenos, pobreza e rebaixamento do Operário filho de Maria.

– Em caso de dúvida preferir: os exercícios espirituais às ocupações materiais; a presença diante do tabernáculo à ausência diante dele; a solidão e o silêncio à sociedade e à fala; o proveito de outrem ao meu.

– Leitura durante as refeições.

– Diminuir (em geral) a extensão das conversas e cartas, sem diminuir seu número; ao abordar qualquer pessoa (oralmente ou por carta) fazer uma comunhão espiritual e pedir a **Jesus** que me faça fazer o que ele faria, que fale ou escreva por mim... quando embaraçado, orar.

– Reler com frequência nos domingos os capítulos XX, XXI, XXVIII, XXX.

– Comunhão espiritual sempre que eu for diante do santo Sacramento.

– Aos desconhecidos de passagem que vêm à porta pedir esmola, dar cevada três dias seguidos.

– Exame particular do emprego do tempo, para não praticar *roubo* contra o Esposo.

– Desapegar-me de tudo que não for o Esposo, amando ser roubado, espoliado, traído, amando que me tomem emprestado sem me devolverem, que tomem o que é meu, me ridicularizem, zombem de mim.

– Pensar com frequência em Iscariotes e agradecer a Deus quando ele me der um.

– Fazer o possível pelos Padres-Apóstolos[44], pela família íntima do **Coração** de **Jesus**[45], pelos Trapistas, pelas Clarissas, pelos Padres Brancos, através da oração e de todos os meios que Deus quiser.

---

44. Os Padres-Apóstolos do Sagrado Coração de Jesus são uma associação sacerdotal fundada por um capelão de Montmartre, o padre Yenveux, e erigida nesse santuário. O padre de Foucauld adere a ela em 16 de abril de 1902. É para um congresso desses padres-apóstolos em 14 de janeiro de 1903 que ele redige um "Apelo em favor de Marrocos".

45. A Família Íntima do Sagrado Coração de Jesus é uma união, muito flexível, de pessoas – sacerdotes, religiosos e religiosas, laicos dos dois sexos – desejosas de viver a espiritualidade de imolação e amor pregada pelo abade Crozier, padre de Lyon, autor de várias obras espirituais, entre as quais *Excelsior*, que Charles de Foucauld recebeu em 1903.

– Preparar-me para os votos da família íntima do Sagrado Coração, lendo-os diariamente até o Natal, e pronunciá-los amorosamente na missa da meia-noite[46].

– Fazer bem os exames de consciência.

– Espírito sobrenatural para com o próximo. Ver em cada pessoa um membro de **Jesus** e uma alma a ser salva.

– Mansidão para com o próximo: ao falar com ele falo com **Jesus**.

– Esmola para os pobres envergonhados.

– Sempre contemplar **Jesus**; trabalhando, lendo, falando: sempre.

– Tentar ter um procurador secular.

– Em viagem, fazer de meu quarto a Igreja: abençoá-lo ao chegar e colocar nele imagens e água benta.

– Bênção e imagens de lugares fraternidade que não as receberam.

– Ir a Tidikelt e, se possível, a Tafilalet se nenhum padre puder ir: para levar **Jesus** na santa Hóstia, como Maria na Visitação (com a doce esperança de fecundar aquele solo ao dar ao Esposo a marca do amor maior).

– Veni Creator da meia-noite, fielmente.

– Rever as resoluções tomadas nos últimos três meses e, se preciso, anotá-las.

– Em viagem Breviário, Ângelus, Veni Creator, fielmente, se possível nas horas do horário.

---

46. Charles de Foucauld adota as "disposições" descritas pelo padre Crozier em seu opúsculo *Excelsior*. Ingressa assim na Família Íntima do Sagrado Coração de Jesus, na qual manterá relacionamentos frequentes, alguns anos depois. Essas páginas do *Excelsior* foram integralmente copiadas por ele em seu caderninho de "Votos, promessas, resoluções".

– Ofício nas horas do horário, fielmente, sempre.

– Recopiar dois exemplares Regulamento irmãozinhos e irmãzinhas.

– Colocar em todas as celas dos irmãos e ter sempre comigo a inscrição: *"Vive como se devesses morrer mártir hoje."*

Resumo das resoluções do retiro

"Segui-me!"

Observar muito fielmente tudo que me for prescrito pelo Regulamento dos irmãozinhos do Sagrado **Coração** *de* **Jesus** *e pelos votos, promessas e resoluções que fiz.*

N. B. Atentar especialmente para o modo como cumpro os exercícios de piedade, a vigília, as relações afetuosas com os indígenas, a beneficência espiritual e material, o santo trabalho manual.

Terminado o retiro anual de 1904 (antecipado em um mês e meio) em 18 de dezembro de 1903, sexta-feira, na festa da Expectação[47] da santíssima Virgem.

---

47. A festa da Expectação do Parto de Nossa Senhora começou a ser celebrada na Espanha; o papa Gregório XIII (1572-1585) estendeu-a para toda a Igreja.

Cor Jesu sacratissimum
adveniat regnum tuum.

Sagrado **Coração** de **Jesus**, em vossas mãos entrego a mim e estas resoluções, e suplico-vos que este retiro e todos os momentos de minha vida sejam para vossa maior glória.

Mãe do **Perpétuo Socorro**, vós que sois minha mãe, entrego-me para sempre em vossas mãos para que na vida e na morte e na eternidade sempre façais de mim o que quiserdes, carregando-me em vossos braços nesta vida e na outra, como carregastes **Jesus** menino, ó minha Mãe amada!

São José, santa **Madalena**, bem-aventurada **Margarida Maria**, meu santo anjo da guarda, coloco este retiro e a mim para sempre sob vossa proteção. Amém.

Cor Jesu sacratissimum
adveniat regnum tuum!

19 de dezembro. Sábado após o 3º domingo do Advento.

7

Retiro em Ghardaia
1905

IESUS

CARITAS

Retiro de 1905 (Ghardaia)
Retiro anual de 1905
(feito em Ghardaia durante os
9 primeiros dias do Advento de 1904)

Sanctificetur nomen tuum

Preliminares[48]

– O justo vive de fé[49]

– Quem crê em mim, rios de água viva correrão de seu seio.

– Se tiveres fé sem hesitação alguma e disserdes a essa montanha: move-te daí e joga-te no mar, isso acontecerá; e tudo que pedires rezando com fé, obtereis.

---

48. O termo "Preliminares" remete às páginas que precedem os capítulos do Regulamento dos Irmãozinhos do Sagrado Coração de Jesus. O retiro consiste em retomar o Regulamento capítulo por capítulo, de acordo com o método seguido desde 1902.

49. Hab 2,4.

139

– Que posso querer, senão que ele se alastre?

– Vigiai e orai comigo.

– Ele passou toda a noite orando.

– Entrai pela porta estreita.

– Se o grão de trigo não morrer, não produzirá nada; se morrer, dará muito fruto.

– Quando eu for levantado da terra, atrairei todos para mim.

– Maria escolheu a melhor parte.

– Que eles sejam um, como nós somos um; que sejam consumidos na unidade.

– Não resistais ao mal.

– Se alguém vos bater na face direita, oferecei-lhe a esquerda.

– Se quiserem tomar-vos o manto, dai também a túnica.

– Amai vossos inimigos, fazei o bem aos que vos odeiam.

– Que os homens vejam vossas boas obras, para que eles glorifiquem vosso Pai.

– Christianus alter Christus[50].

– Santifiquei-me por eles para que também eles sejam santificados.

– Dei-vos o exemplo para que façais o mesmo que fiz.

– Segui-me.

– Se alguém me ama, me obedecerá; meu Pai o amará, iremos a ele e nele faremos nossa morada.

---

50. O cristão é outro Cristo.

– Empenho em *imitar incessantemente Nosso Senhor* **Jesus** de modo a ser suas imagens fiéis.

– Recitação diária do santo Rosário diante do santíssimo Sacramento.

– Afastamento absoluto dos assuntos mundanos, tanto políticos como materiais, a exemplo do divino Mestre, "cujo reino não foi deste mundo".

– O nome de "irmão".

I. – Vinde e segui-me!

– Ide pelo mundo inteiro e pregai o Evangelho a todas as criaturas.

– O discípulo não está acima do mestre; ele será perfeito se assemelhar-se ao Mestre.

– Quem me segue não caminha nas trevas.

– Segui-me!

– Em tudo nos perguntaremos como ele pensava, falava, agia... pensaria, falaria, agiria...

– [Nossa alma] toda queimada como um holocausto pelo fogo dos sofrimentos voluntários.

– Toda inflamada de amor pelos homens imagens de Deus.

– Boa, mansa, terna, misericordiosa, verdadeira, humilde, simples, corajosa, casta, desapegada.

– Pobreza. Penitência. Recolhimento. Amor à solidão, à obscuridade e aos rebaixamentos. Beneficência para as almas, os corações e corpos. Vida dedicada a amar, servir e salvar.

– *Salvador*, como ele foi Salvador.

Resoluções:

– Sanctificetur Nomen Tuum.

– *Vida de fé*, totalmente interior e sobrenatural: **Jesus** está em mim; **Jesus** me vê a todo instante de sua vida mortal; **Jesus** me ama e me provou tanto isso; **Jesus** quer que eu o siga e dá-me força para isso. "Segui-me", "quem quiser me servir me siga", **Jesus** quer que eu trabalhe em salvar as almas e dá-me a força e os meios para isso; **Jesus** está em todo ser humano, toda ação ou omissão que eu fizer para com um ser humano faço-a para com **Jesus**.

– *Vigia e jejua*: **Jesus** quer que eu "o siga", que compartilhe sua vida e dá-me força para isso.

– *Morrer* pela *mortificação* dos sentidos, da mente, da memória, da vontade, de todo meu ser: é porque não estou morto que estou sozinho: produzirei fruto na medida em que estiver "morto", "levantado da terra".

– *Humildade, mansidão* do Cordeiro de Deus: "não resistais ao mal", "oferecei a outra face".

– *Desapego, despojamento* de **Jesus**: "Se quiserem tomar-vos o manto, dai também vossa túnica": se amo **Jesus**, sou apegado unicamente a ele, a suas palavras, seus exemplos, sua vontade: possuí-lo, obedecer-lhe, imitá-lo: ser um com ele, perder-me nele, pela perda de minha vontade na sua: tudo isso grita: desapego total de tudo que não for **ele**: ser apegado a **ele** somente, desejar a posse apenas **dele** grita desapego! Suas palavras gritam desapego! Seus exemplo gritam desapego! Sua vontade grita desapego!

– *"Amar meus inimigos, fazer o bem aos que me odeiam"*, em pensamentos, em palavras, em ações: particularmente nas esmolas, a exemplo de são Pedro Claver[51].

---

51. São Pedro Claver (1585-1654), apóstolo dos escravos negros em Nova Guiné; assinou o formulário de seus votos religiosos como: "Pedro

– *Grande vigilância,* a fim de não escandalizar em nada, edificar em tudo, mostrar em mim "a religião cristã vivida", o que é um cristão, um retrato de **Jesus,** "Christianus alter Christus".

Para isso, *tomar como regra de toda minha vida a de são João da Cruz: "**Em todas as coisas perguntar-me como** Jesus **faria, e fazer igual** [52]."*

– *Nada fazer para evitar a morte, as violências ou os maus-tratos,* pois "não resistais ao mal", "eles o esbofetearam", "crucificaram-no", "não há amor maior do que dar a vida por quem amamos"... *Portanto, não pedir escolta; viajar sem escolta (como* **Jesus***) sempre que não me forçarem a ter uma.*

– *Trabalhar com todas minhas forças em santificar-me;* é o melhor meio de imitar **Jesus,** santidade infinita, de obedecer-lhe "Sede perfeitos", de trabalhar por ele na salvação dos homens: fazemos o bem na medida em que o temos – qual pastor, tal rebanho – o valor de nossas obras é o valor do espírito interior que as anima – nossas obras valem na medida em que são obras da graça, do Espírito Santo, de **Jesus.**

– *Seguir, seguir, seguir* **Jesus,** passo a passo, imitando, compartilhando sua vida em tudo, como os Apóstolos, como Maria e José.

– *Ver incessantemente* **Jesus** *em mim,* "fazendo em mim sua morada com seu Pai".

---

escravo dos negros para sempre". Em 1894 a princesa M.T. Ledochowska, com a bênção de Leão XIII, instituiu o Sodalício de São Pedro Claver para auxiliar as missões da África. O *Carnet de Beni Abbès* traz, na data de 13 de julho de 1903, uma citação da biografia de São Pedro Claver; na biblioteca de Charles de Foucauld havia um exemplar dela.

52. "Subida do Monte Carmelo" I, XII, 3.

– *Ver incessantemente* **Jesus** *vendo-me em todos os momentos de sua vida oculta.*

– *Grande fidelidade a todos os exercícios piedosos estabelecidos pelo Regulamento*, particularmente o Rosário diário.

– *Afastamento absoluto dos assuntos mundanos, seja políticos ou materiais, a exemplo de* **Jesus**, *"cujo reino não foi deste mundo"*. Nenhuma palavra no Evangelho mostra-o fazendo o bem aos homens ocupando-se de seus assuntos mundanos, políticos ou materiais; tudo mostra-o elevando-os acima desses assuntos e ensinando-os a buscar não os reinos da Terra e sua glória ou sua riqueza e sim o reino de Deus e sua justiça. *A exemplo dele, não devemos fazer esse bem inferior de auxiliá-los em seus assuntos mundanos, pois isso nos impede de fazer-lhes um bem muito superior, um bem que que só podem fazer aqueles que, "elevados acima da terra" pela mortificação, vivendo de fé, de esperança e de caridade, estão inteiramente perdidos em* **Jesus** *pelo amor, pela imitação, pela obediência, pela união total da vontade.*

– Insistir mais para que me chamem de *"irmão"*.

– *Querer com extremo ardor que toda alma ame* **Jesus**: "que posso querer senão que ele se espalhe", "pregai o Evangelho a todas as criaturas"; *e fazer o que eu puder para isso*; é o dever de todo cristão: "Amai vosso próximo como a vós mesmo".

– *Rebaixamento, rebaixamento! pobreza, pobreza! familiaridade, igualdade com os pobres!* "O discípulo não está acima do mestre, "dei-vos o exemplo para que o sigais".

– *Mortificação, mortificação! penitência! morte!* É quando sofremos mais que nos santificamos mais e santificamos mais. "Se o grão de trigo não morrer, nada produz", "quando eu for levantado da terra, atrairei todos para mim"... Não é por suas palavras divinas, por seus milagres, por suas boas ações que **Jesus** salva o mundo, é por sua **Cruz**: a hora mais frutuosa de sua vida é a dos maiores rebaixamentos, anulações, aquela em que ele está mais mergulhado no sofrimento e na humilhação.

– Observar muito fielmente, durante toda minha vida, o Regulamento dos irmãozinhos do Sagrado Coração de Jesus.

– Fazer o possível para o estabelecimento dos irmãozinhos e das irmãzinhas do Sagrado Coração de Jesus. Meio: *santificar-me o máximo possível observando muito fielmente o Regulamento dos irmãozinhos do Sagrado* **Coração** *de Jesus; e orar.*

– Cor Jesu sacratissimum adveniat regnum tuum!

II. – Vigiai e orai sempre.

Resoluções:

– Observar muito fielmente, durante toda minha vida, o Regulamento dos irmãozinhos do Sagrado Coração de Jesus. (Para honrar o santíssimo Sacramento como Deus quer de mim).

– Fazer o possível para o estabelecimento dos irmãozinhos e das irmãzinhas do Sagrado Coração de Jesus. (Para fazer honrar o mais que eu puder o santíssimo Sacramento; para fazer a santa Hóstia, luz do mundo, irradiar-se no maior número de lugares possível). Meio: *santificar-me o máximo possível observando muito fielmente o Regulamento dos irmãozinhos do Sagrado* **Coração** *de Jesus; e orar.*

III. – Nosso Pai que está no céu quer que nem um único desses pequenos pereça.

– Ide pelo mundo inteiro, pregai o Evangelho a todas as criaturas.

– Muito será pedido a quem muito foi dado.

– Amai-vos uns aos outros como eu vos amei.

– Imitá-lo buscando e salvando com ele "não os justos, mas os pecadores", as "ovelhas desgarradas", "o que estava perdido".

– Fazer o máximo de bem às mais doentes entre essas almas.

Resoluções:

– ***Observar muito fielmente, durante toda minha vida, o Regulamento dos irmãozinhos do Sagrado Coração de Jesus.*** (Para trabalhar na salvação dos infiéis, como Deus quer de mim).

– ***Fazer o possível para o estabelecimento dos irmãozinhos e das irmãzinhas do Sagrado Coração de Jesus***. (Para trabalhar o máximo que puder na salvação dos infiéis; para que muitas almas trabalhem nisso, como Deus quer delas). Meio: *santificar-me o máximo possível observando muito fielmente o Regulamento dos irmãozinhos do Sagrado* **Coração** *de* **Jesus***; e orar*.

IV. – Amareis o Senhor vosso Deus com todo vosso coração, com toda vossa alma, com todo vosso entendimento.

– Reconhecimento para com Deus, que dignou-se unir-nos a ele por elos tão estreitos; amor por essas bem-aventuradas correntes que nos ligam ao Amado; fervor em guardá-las com uma fidelidade apaixonada, estreitando-as continuamente.

Resoluções:

– **Observar muito fielmente, durante toda minha vida, o Regulamento dos irmãozinhos do Sagrado Co-ração de Jesus.** (Para glorificar Deus o máximo possível, unindo-me o mais estreitamente ao que sei ser sua vontade para mim).

– **Fazer o possível para o estabelecimento dos ir-mãozinhos e das irmãzinhas do Sagrado Coração de Jesus.** (Para trabalhar o máximo que puder na glorificação de Deus; para que muitas almas glorifiquem Deus o máximo possível unindo-se à vontade dele pelos elos mais fortes). Meio: *santificar-me o máximo possível observando muito fielmente o Regulamento dos irmãozinhos do Sagrado* **Coração** *de* **Jesus***; e orar.*

Perguntas:

1º. Onde devo viver de agora em diante como ir-mãozinho do Sagrado **Coração** de **Jesus**? *R.* v.p.[53]

2º. Onde é preciso estabelecer os irmãozinhos do Sagrado **Coração** de **Jesus**, se vierem? *R.* v.p.

3º. Não conviria buscar uma união de orações abarcando o maior número possível de almas piedosas, para com essas orações auxiliar os irmãozinhos e irmãzinhas do Sagrado **Coração** de **Jesus** em sua obra de salvação das almas? *R.* Não; não agora. Mais tarde veremos. Agora, limitar-se a recomendar as populações entre as quais estamos às associações de oração já existentes.

---

53. "Resposta ver página..." Foucauld acrescentava o número da página de seu manuscrito na qual se encontra a resposta. Número não indicado aqui. Neste livro, trata-se das páginas 200 a 209.

V. – Ele foi para Nazaré e lhes era submisso.

– Ide pelo mundo inteiro, pregai o Evangelho a todas as criaturas.

– Segui-me.

– Amareis o Senhor vosso Deus com todo vosso coração, com toda vossa alma e todo vosso entendimento.

– A obediência é a medida do amor: sejamos de uma obediência perfeita, para termos um amor perfeito.

– Acautelemo-nos contra o fermento dos fariseus, zelo das observações externas degenerando em hipocrisia, e o fermento dos publicanos, permissividade e tibieza.

– Obedeçamos *amorosamente*, com o zelo do amor e a liberddade de espírito do amor que se sabe não só retribuído mas antecipado.

Resoluções:

– **Observar muito fielmente, durante toda minha vida, o Regulamento dos irmãozinhos do Sagrado Coração de Jesus.** (Para obedecer do melhor modo possível a vontade de Deus para mim).

– **Fazer o possível para o estabelecimento dos irmãozinhos e das irmãzinhas do Sagrado Coração de Jesus.** (Para trabalhar o máximo que eu puder na glorificação de Deus; para que muitas almas glorifiquem Deus o máximo possível obedecendo muito fielmente sua vontade). Meio: *santificar-me o máximo possível observando muito fielmente o Regulamento dos irmãozinhos do Sagrado* **Coração** *de* **Jesus***; e orar.*

VI. – Não é ele o artesão filho de Maria?

– Ela o deitou numa manjedoura.

– Não nos é permitido pedir, solicitar esmolas, doações de qualquer tipo que sejam, grandes ou pequenas, em espécie ou em dinheiro, exceto em dois casos: 1º. para realizar fundações, 2º. em caso de necessidade *urgente* e *excepcional,* seja *de nós mesmos ou do próximo.*

– Somos proibidos de tomar emprestado, exceto coisas muito pequenas e somas muito pequenas, como os pobres.

Devemos viver do trabalho de nossas mãos.

Resoluções:

– Duas vezes por ano, no primeiro dia útil depois de 2 de fevereiro e no primeiro dia útil de julho, passar em revista tudo que há na fraternidade e doar aos pobres ou a outras casas religiosas tudo o que for desnecessário ou não conforme com a pobreza de **Jesus** em Nazaré.

– Ser muito mais reservado em meus pedidos em dinheiro ou em espécie para minha família; pautar-me pelo Regulamento.

– Ser muito reservado quanto a empréstimos; pautar-me pelo Regulamento.

– ***Observar muito fielmente, durante toda minha vida, o Regulamento dos irmãozinhos do Sagrado* Coração *de* Jesus.** (Para compartilhar a pobreza de **Jesus** em Nazaré, de acordo com o voto que fiz).

– ***Fazer o possível para o estabelecimento dos irmãozinhos e das irmãzinhas do Sagrado* Coração *de* Jesus.** (Para trabalhar o máximo que eu puder na glorificação de Deus; para que muitas almas glorifiquem Deus atendendo ao chamado que ele lhes faz, de segui-lo em sua pobreza e em sua vida de Nazaré). Meio: *santificar-me o máximo possível observando muito fielmente o Regulamento dos irmãozinhos do Sagrado* **Coração** *de* **Jesus***; e orar.*

Perguntas:

1º. – Como fazer para viver do trabalho de minhas mãos? *R.* v.p.

2º. – Há uma reforma a fazer em minha vida, a respeito disso? *R.* v.p.

3º. – Seria conveniente instalar-me em Touat[54], no Oeste, ou em outro lugar, um lugar *mais solitário?* de acesso mais fácil para os irmãos? mais cômodo para eu confessar-me? *R.* v.p.

VII. Uma única coisa é necessária. Maria escolheu a melhor parte.

Resoluções:

– Observar muito fielmente, durante toda minha vida, o Regulamento dos irmãozinhos do Sagrado Coração de Jesus. (Para ser fiel à vida retirada, à vida oculta de **Jesus** em Nazaré, que Deus quer de mim).

– Fazer o possível para o estabelecimento dos irmãozinhos e das irmãzinhas do Sagrado Coração de Jesus. (Para trabalhar o máximo que eu puder na glorificação de Deus; para que muitas almas glorifiquem Deus atendendo ao chamado que ele lhes faz, de segui-lo em seu retiro e em sua vida de Nazaré). Meio: *santificar-me o máximo possível observando muito fielmente o Regulamento dos irmãozinhos do Sagrado* **Coração** *de* **Jesus***; e orar.*

Perguntas:

1º. – Minha resolução de retiro de um ano atrás, *com relação às viagens,* deve ser mantida ou não? *R.* v.p.

---

54. Touat é uma região de oásis do Saara argelino entre Saoura e Tidikelt.

2º. – Viagem para o Oeste: fazer ou não, se possível? *R.* v.p.

3º. – Viagem para o Oeste a ser feita com ideia de estabelecer talvez fraternidade mais a oeste, ou não? *R.* v.p.

4º. – Se eu estiver sozinho em Beni Abbès, confissão em Mecheria, ou não? Com que frequência? *R.* v.p.

5º. – Se nenhum padre for nem a Taghit nem a Bechar e se eu não passar por elas ao ir confessar-me, devo ir lá? Com que frequência? *R.* v.p.

6º. – Ao deixar Ghardaia, devo ir para um lugar onde possa levar uma vida muito retirada; e lá guardar a clausura prescrita pelo Regulamento, como se eu houvesse feito meus votos (considerando anulada a resolução de um ano atrás quanto às viagens); não me permitindo saída alguma, nem mesmo tendo como objetivo a transferência da fraternidade para outro lugar, mais a Oeste, por exemplo? *R.* v.p.

7º. – Se devo estar em Beni Abbès ou em lugar semelhante, como tornar mais retirada minha vida aí? *R.* v.p.

VIII. – Rogai ao Pai da messe que envie trabalhadores para sua messe.

– Vigiai e orai.

– **Jesus** foi para um monte a fim de orar e passou a noite em oração.

– Uma única coisa é necessária: Maria escolheu a melhor parte.

– Vigiai e orai sempre.

– Pedi e recebereis.

– Embora não seja obrigatório, passemos tanto quanto possível nossos intervalos diante do santíssimo Sacramento: nosso Amado permite que fiquemos a seus pés: como poderíamos deixá-los?

– Como Maria e José, ter sempre o coração e o espírito repletos de **Jesus**: como eles, nunca interromper nossa prece e nossa contemplação.

Resoluções:

– Tanto em viagem como alojado, ser muito fiel aos quatro Veni Creator, às ladainhas do Sagrado Coração, à Consagração, aos outros exercícios diários de regra e aos que decidi fazer durante os intervalos.

– Guardar melhor a presença de Deus, de **Jesus**. Para isso *1º* tomá-la como tema do exame particular; *2º* adquirir o hábito, em todas as idas e vindas, todas as caminhadas, quando não estiver fazendo outro exercício piedoso, de recitar continuamente Ave-Marias, aplicando-as todas, definitivamente, para o estabelecimento do Reino universal do Sagrado **Coração** de **Jesus**.

– Rever o uso de meus intervalos; modificá-lo se necessário.

– *Observar muito fielmente, durante toda minha vida, o Regulamento dos irmãozinhos do Sagrado* **Coração** *de* **Jesus.** (Para ter a vida de oração, a vida oculta de **Jesus** em Nazaré, que Deus quer de mim; para honrar tanto quanto puder o santíssimo Sacramento).

– *Fazer o possível para o estabelecimento dos irmãozinhos e das irmãzinhas do Sagrado* **Coração** *de* **Jesus.** (Para trabalhar o máximo que eu puder na glorificação de Deus; para que muitas almas glorifiquem Deus atendendo ao chamado que ele lhes faz, de segui-lo em sua vida de oração, de adoração, sua vida oculta de Nazaré). Meio: *santificar-me o máximo possível observando muito fielmente o Regulamento dos irmãozinhos do Sagrado* **Coração** *de* **Jesus***; e orar.*

IX. – Eis o Cordeiro de Deus!

– Eu sou a Luz do mundo.

– Eis que vem o Esposo!

Resoluções:

– Antes de deixar Ghardaia, reler as rubricas do Missal.

– **Observar muito fielmente, durante toda minha vida, o Regulamento dos irmãozinhos do Sagrado Coração** **de Jesus.** (Para poder, durante toda minha vida, celebrar diariamente a santa missa, em recolhimento e em retiro, em região infiel, diante do santíssimo Sacramento exposto, espero, e na prática da vida de Nazaré que Deus quer de mim).

– **Fazer o possível para o estabelecimento dos irmãozinhos e das irmãzinhas do Sagrado Coração de Jesus.** (Para trabalhar o máximo que eu puder na glorificação de Deus; para que muitas almas glorifiquem Deus celebrando ou ouvindo a santa missa diante do santíssimo Sacramento exposto, em recolhimento e em retiro, e na prática da vida de Nazaré, para a qual Deus as chamou; para que muitas graças se espalhem sobre os povos infiéis em decorrência do grande número de missas celebradas entre eles, do grande número de tabernáculos estabelecidos entre eles). Meio: *santificar-me o máximo possível observando muito fielmente o Regulamento dos irmãozinhos do Sagrado* **Coração** *de* **Jesus***; e orar.*

X. – Eu sou a luz do mundo.

Resoluções:

– *Observar muito fielmente, durante toda minha vida, o Regulamento dos irmãozinhos do Sagrado* **Coração** *de* **Jesus.** (Para estar toda minha vida em regiões infiéis distantes: para que assim exista nelas mais um tabernáculo; para que almas, que sem isso não o poderiam, possam receber a absolvição e a comunhão; e para que por esse tabernáculo, por esses sacramentos, pela vida de graça que disso resulta, essas regiões sejam santificadas).

– *Fazer o possível para o estabelecimento dos irmãozinhos e das irmãzinhas do Sagrado* **Coração** *de* **Jesus.** (Para trabalhar o máximo que eu puder na glorificação de Deus; para que muitos tabernáculos sejam estabelecidos em regiões infiéis distantes; para que muitas almas, que sem essas fundações não o poderiam, possam, graças a elas, receber a absolvição e a comunhão, e para que por meio desses tabernáculos, de todos os sacramentos recebidos nas fraternidades, da vida de graça que disso resulta, essas regiões sejam santificadas). Meio: *santificar-me o máximo possível observando muito fielmente o Regulamento dos irmãozinhos do Sagrado* **Coração** *de* **Jesus***; e orar.*

XI. – Não busco minha vontade, mas a vontade Daquele que me enviou.

– Se guardardes meus mandamentos, permanecereis em meu amor.

– Temos tanto mais zelo em consultar nosso diretor quanto, amando mais a Deus, mais nos empenhamos em cumprir sua vontade.

– Consultar um bom diretor, meio *absolutamente certo, garantido por Deus*, de cumprir sua vontade "quem vos escuta me escuta".

Resoluções:

Consultar muito fielmente meu diretor em toda incerteza pequena ou grande.

– **Observar muito fielmente, durante toda minha vida, o Regulamento dos irmãozinhos do Sagrado Coração de Jesus.** (Para obedecer do melhor modo possível a meus diretores, que muitas vezes me declararam, em nome de Deus: que ele queria que eu me dedicasse à imitação de sua vida de Nazaré, e isso entre os muçulmanos em regiões distantes).

– **Fazer o possível para o estabelecimento dos irmãozinhos e das irmãzinhas do Sagrado Coração de Jesus.** (Para trabalhar o máximo que eu puder na glorificação de Deus; para que muitas almas obedeçam do melhor modo possível a seu diretor ao declarar-lhes a vontade de Deus de que elas pratiquem a vida de Nazaré em regiões distantes, entre os infiéis). Meio: *santificar-me o máximo possível observando muito fielmente o Regulamento dos irmãozinhos do Sagrado* **Coração** *de* **Jesus***; e orar.*

XII. – Vinde e vede!

– Examinai as Escrituras.

– Se alguém me serve, siga-me!

– Segui-me!

– Uma única coisa é necessária: *obedecer* a **Jesus.**

– Ter o espírito de **Jesus.**

– Cada dia conhecer melhor **Jesus**, amá-lo mais, inflamar-se de um zelo mais ardente de imitá-lo.

– *Conhecer* **Jesus**, *amá-lo, obedecer-lhe, imitá-lo.*

Resoluções:

– Fazer muito fielmente uma meditação diária sobre o santo Evangelho, sobre a passagem que se lê à noite; fazê-la por escrito, se possível.

– Em todas minhas meditações, mentais ou escritas, sobre o santo Evangelho e as outras partes das Sagradas Escrituras, perguntar-me duas coisas: *1º*. o principal ensinamento contido na passagem lida; *2º*. em quê se manifesta mais nela o amor de Deus pelos homens.

– ***Observar muito fielmente, durante toda minha vida, o Regulamento dos irmãozinhos do Sagrado Coração de* Jesus.** (Para imitar tão fielmente quanto eu puder **Jesus** em sua vida oculta de Nazaré, o que sei ser sua vontade para mim).

– ***Fazer o possível para o estabelecimento dos irmãozinhos e das irmãzinhas do Sagrado* Coração *de* Jesus.** (Para trabalhar o máximo que eu puder na glorificação de Deus; para que muitas almas, chamadas por **Jesus** a imitarem sua vida oculta de Nazaré, obedeçam-lhe imitando-o muito fielmente). Meio: *santificar-me o máximo possível observando muito fielmente o Regulamento dos irmãozinhos do Sagrado* **Coração** *de* **Jesus***; e orar.*

XIII. – Esse tipo de demônio só se expulsa pelo jejum e pela oração.

– Não temais, apenas crede!

– Que posso querer, senão que o fogo se acenda?

Resoluções:

– Observar muito fielmente, durante toda minha vida, o Regulamento dos irmãozinhos do Sagrado Coração de Jesus. (Para honrar tanto quanto eu puder a santa Eucaristia, o Sagrado **Coração**, a sagrada Família, ser tão devotado quanto eu puder à santa Igreja e ao Pontífice Romano, levar uma vida de oração e jejum conforme com a vida oculta de **Jesus** em Nazaré que Deus quer de mim).

– Fazer o possível para o estabelecimento dos irmãozinhos e irmãzinhas do Sagrado Coração de Jesus. (Para trabalhar o máximo que eu puder na glorificação de Deus; para que muitas almas honrem muito a santa Eucaristia, o Sagrado **Coração**, a Sagrada Família, sejam muito devotadas à santa Igreja e ao Pontífice Romano e pratiquem a vida de oração e jejum conforme com a vida oculta de **Jesus** em Nazaré que Deus quer delas). Meio: *santificar-me o máximo possível observando muito fielmente o Regulamento dos irmãozinhos do Sagrado* **Coração** *de* **Jesus***; e orar.*

XIV. Quem não acumula comigo dissipa.

– Amareis vosso próximo como a vós mesmos.

– Quando preparardes uma refeição, não convideis os ricos, mas convidai os pobres, os mendigos, os cegos e os coxos.

– **Jesus** "Salvador"

– "Redenção para muitos".

Resoluções:

– Observar muito fielmente, durante toda minha vida, o Regulamento dos irmãozinhos do Sagrado Coração de Jesus. (Para levar meu Sacerdócio aonde ele for mais útil às almas: a regiões infiéis distantes onde sem isso não haveria sacerdote nem tabernáculo nem sacramentos para os cristãos, nem para os infiéis a efusão de graças provenientes da santa Eucaristia e dos sacramentos; para unir ao exercício do Sacerdócio a vida oculta de Nazaré que Deus quer de mim).

– Fazer o possível para o estabelecimento dos irmãozinhos e irmãzinhas do Sagrado Coração de Jesus. (Para trabalhar o máximo que eu puder na glorificação de Deus; para que muitos padres exerçam seu Sacerdócio onde ele é mais útil às almas: em regiões infiéis distantes; para proporcionar às regiões que mais necessitam disso, às regiões infiéis distantes, os benefícios da adoração permanente do santíssimo Sacramento exposto, da celebração de muitas missas, de reuniões de padres vivendo santamente na imitação de **Jesus** oculto em Nazaré). Meio: *santificar-me o máximo possível observando muito fielmente o Regulamento dos irmãozinhos do Sagrado* **Coração** *de* **Jesus***; e orar.*

XV. *Resoluções:*

– Tanto em viagem como alojado, por mais urgente que seja o trabalho, praticar fielmente o descanso nos dias em que o Regulamento prescreve não trabalhar.

– Observar muito fielmente, durante toda minha vida, o Regulamento dos irmãozinhos do Sagrado Coração de Jesus. (Para que em regiões infiéis distantes, onde ninguém conhece **Jesus**, onde as festas maiores, Natal, Páscoa, o ano todo, passam sem uma missa, sem uma prece, sem que uma boca pronuncie o nome de **Jesus**: para que nessas regiões haja um Tabernáculo, um padre, o santo sacrifício seja oferecido, a oração da Igreja suba ao céu).

– Fazer o possível para o estabelecimento dos irmãozinhos e das irmãzinhas do Sagrado **Coração** *de* **Jesus**. (Para trabalhar o máximo que eu puder na glorificação de Deus; para que em regiões infiéis distantes, onde ninguém conhece **Jesus**, onde as festas maiores, Natal, Páscoa, o ano todo, passam sem uma missa, sem uma prece, sem que uma boca pronuncie o nome de **Jesus**: para que nessas regiões haja tabernáculos, padres, missas numerosas sejam ditas, os sacramentos sejam recebidos, preces fervorosas subam ao céu, a vida cristã espalhe suas graças, em numerosos altares a santa Hóstia permanentemente exposta seja adorada noite e dia por fervorosos religiosos e religiosas). Meio: *santificar-me o máximo possível observando muito fielmente o Regulamento dos irmãozinhos do Sagrado* **Coração** *de* **Jesus***; e orar.*

Perguntas:

1º. Se eu voltar sozinho para Beni Abbès ou outro lugar, a questão do auxiliar de missa? *R.* v.p.

2º. Se eu voltar sozinho para Beni Abbès ou outro lugar, a questão da confissão? *R.* v.p.

XVI. – Amai a Deus com todo vosso coração.

– Uma única coisa é necessária: Maria escolheu a melhor parte.

– A menos que sua vontade nos chame para outro lugar que não a capela, não deixemos os pés de nosso único Amado, **Jesus**.

Resoluções:

– Praticar muito fielmente, tanto em viagem como alojado, o que está prescrito a respeito dos intervalos no Regulamento.

– Determinar previamente o emprego de meus intervalos, tanto de regra como suplementares, e raramente modificá-lo.

– **Observar muito fielmente, durante toda minha vida, o Regulamento dos irmãozinhos do Sagrado Coração *de* Jesus.** (Para ter a vida oculta de Nazaré em regiões infiéis distantes, que Deus seguramente quer de mim, segundo meus diretores e meus retiros, desde há mais de quinze anos; para ter essa vida não só em suas linhas gerais, mas de um modo tão fiel quanto possível em todas as coisas: após quinze anos de buscas, nada encontrei que a dê tão fielmente quanto esse Regulamento. Praticando esse Regulamento desde há seis anos (Natal de 1898), sempre me senti bem por segui-lo, mal por afastar-me dele).

– **Fazer o possível para o estabelecimento dos irmãozinhos e das irmãzinhas do Sagrado Coração *de* Jesus.** (Para trabalhar o máximo que eu puder na glorificação de Deus; para que muitas almas, chamadas por Deus para a vida oculta de Nazaré, tenham essa vida não só em suas linhas gerais, mas de modo muito fiel em todas as coisas; para que tenham essa vida em regiões infiéis distantes, quando Deus assim quiser delas). Meio: *santificar-me o máximo possível observando muito fielmente o Regulamento dos irmãozinhos do Sagrado* **Coração** *de* **Jesus***; e orar.*

XVII. – A hora mais bem empregada de nossa vida é aquela em que mais amarmos **Jesus**.

Resoluções:

– Ao ler, interromper-me com frequência a fim de voltar os olhos para **Jesus**, adorá-lo, pedir sua ajuda, meditar sobre o que estiver lendo.

– Ao ler as Sagradas Escrituras, meditá-la *sempre*, por pouco ou muito tempo, mentalmente ou por escrito.

– Rever o modo como distribuí minhas leituras: modificá-lo se houver motivo, principalmente com relação à teologia dogmática e às leituras espirituais.

– *Observar muito fielmente, durante toda minha vida, o Regulamento dos irmãozinhos do Sagrado* **Coração** *de* **Jesus.** (Para obedecer a Deus o mais fielmente possível; praticando a vida de Nazaré em região infiel distante, que ele quer de mim, não só em suas linhas gerais, mas do modo mais fiel que eu possa encontrar, prática da qual o Regulamento é a expressão).

– *Fazer o possível para o estabelecimento dos irmãozinhos e das irmãzinhas do Sagrado* **Coração** *de* **Jesus.** (Para trabalhar o máximo que eu puder na glorificação de Deus; para que muitas almas, chamadas por Deus para a vida oculta de Nazaré, tenham essa vida não só em suas linhas gerais, mas de modo muito fiel em todas as coisas; para que tenham essa vida em regiões infiéis distantes, quando Deus assim quiser delas). Meio: *santificar-me o máximo possível observando muito fielmente o Regulamento dos irmãozinhos do Sagrado* **Coração** *de* **Jesus***; e orar.*

XVIII. – Uma alma faz o bem não na medida de seu conhecimento ou de sua inteligência, mas na medida de sua santidade.

– Amor a **Jesus e prática das virtudes.**

Resoluções:

– Ver com o padre Guérin o que falta em minha biblioteca (Bossuet, Fouard[55], Histoire de l'Église [História da Igreja], Histoire des Persécutions [História das Perseguições], Vie des Saints [Vida dos Santos] (Darras), missal romano diário etc.).

– *Observar muito fielmente, durante toda minha vida, o Regulamento dos irmãozinhos do Sagrado* **Coração** *de* **Jesus.** (Para obedecer a Deus o mais fielmente possível; praticando a vida de Nazaré em região infiel distante, que ele quer de mim, não só em suas linhas gerais, mas do modo mais fiel que eu possa encontrar, prática da qual o Regulamento é a expressão).

– *Fazer o possível para o estabelecimento dos irmãozinhos e das irmãzinhas do Sagrado* **Coração** *de* **Jesus.** (Para trabalhar o máximo que eu puder na glorificação de Deus; para que muitas almas, chamadas por Deus para a vida oculta de Nazaré, tenham essa vida não só em suas linhas gerais, mas de modo muito fiel em todas as coisas; para que tenham essa vida em regiões

---

55. Desde sua conversão em 1886, Charles de Foucauld conhecia a obra de Fouard *La Vie de Notre Seigneur Jésus-Christ*, em dois volumes. Ele deseja ter em sua biblioteca da Fraternidade, para si e para os irmãos que aguarda, alguns livros. Pensa, portanto, em Fouard, em Bossuet (Élévations *sur les mystères* [*Elevações sobre os Mistérios*]), em Darras, que escreveu em quatro volumes uma *Histoire de l'Église* [*História da Igreja*] na qual se encontram também a história das perseguições religiosas e páginas sobre os santos. Receberá a edição de 1903 de Fouard e os quatro volumes de Darras, edição de 1896.

infiéis distantes, quando Deus assim quiser delas). Meio: *santificar-me o máximo possível observando muito fielmente o Regulamento dos irmãozinhos do Sagrado* **Coração** *de* **Jesus**; *e orar.*

XIX. *Resoluções:*

— Pautar-me muito fielmente por todas as prescrições deste capítulo: particularmente às que se referem **à conduta a manter com as pessoas de fora e em viagem.**

— Antes de toda carta que eu escrever, comunhão espiritual e prece.

— Quando não pedirem minha opinião sobre um assunto, não me envolver.

— Ser muito mais recolhido e mais calado, seja alojado ou em viagem: exceto por vontade contrária de Deus, manter-me fora de tudo que não for ele.

— ***Observar muito fielmente, durante toda minha vida, o Regulamento dos irmãozinhos do Sagrado*** **Coração** ***de*** **Jesus.** (Para obedecer a Deus o mais fielmente possível; praticando a vida de Nazaré em região infiel distante, que ele quer de mim, do modo mais fiel que eu possa encontrar).

— ***Fazer o possível para o estabelecimento dos irmãozinhos e das irmãzinhas do Sagrado*** **Coração** ***de*** **Jesus.** (Para trabalhar o máximo que eu puder na glorificação de Deus; para que muitas almas, chamadas por Deus para a vida oculta de Nazaré, tenham essa vida de modo muito fiel; para que tenham essa vida em regiões infiéis distantes, quando Deus assim quiser delas). Meio: *santificar-me o máximo possível observando muito fielmente o Regulamento dos irmãozinhos do Sagrado* **Coração** *de* **Jesus**; *e orar.*

XX. – Se vosso olho direito vos causar escândalo, arrancai-o.

– Segui-me, e deixai que os mortos enterrem seus mortos.

– Não tendes gosto pelas coisas de Deus, mas pelas coisas do mundo.

– Todo aquele que, tendo posto a mão no arado, olha para trás, não serve para o reino de Deus.

– Eu não sou deste mundo.

– "Casados como virgem casta com um único Esposo, Cristo[56]", queremos ser inteiramente dele, "sem divisão", deixando e esquecendo tudo que não for ele e nunca nos aproximando nem lembrando daquilo, exceto quando ele assim nos ordenar e tendo em vista somente ele.

– A saeculi actibus se facere alienum[57].

– "Que o mundo esteja crucificado para nós e estejamos crucificados para o mundo" para sermos inteiramente, como "virgens castas", de nosso "único Esposo", nosso Amado Senhor **Jesus**.

Resoluções:

– Observar muito fielmente tudo que está prescrito neste capítulo.

– ***Observar muito fielmente, durante toda minha vida, o Regulamento dos irmãozinhos do Sagrado Coração de Jesus.*** (Para obedecer a Deus o mais fielmente

---

56. Cf. 2Cor 11,2.

57. "Fazer-se alheio às coisas do mundo" (Regra de São Bento, cap. IV, nº 20).

possível; praticando a vida de Nazaré em região infiel distante, que ele quer de mim, do modo mais fiel que eu possa encontrar).

– *Fazer o possível para o estabelecimento dos irmãozinhos e das irmãzinhas do Sagrado* **Coração** *de* **Jesus.** (Para trabalhar o máximo que eu puder na glorificação de Deus; para que muitas almas, chamadas por Deus para a vida oculta de Nazaré, tenham essa vida de modo muito fiel; para que tenham essa vida em regiões infiéis distantes, quando Deus assim quiser delas). Meio: *santificar-me o máximo possível observando muito fielmente o Regulamento dos irmãozinhos do Sagrado* **Coração** *de* **Jesus***; e orar.*

Perguntas:

1º. A fraternidade de Beni Abbès está suficientemente longe de todos os lugares habitados? *R.* v.p.

2º. Conversas com as pessoas de fora. De que falar com aqueles cuja amizade é preciso conquistar para o bem de suas almas? Deve-se banir toda conversa sobre suas ocupações habituais, se estas forem funções públicas ou trabalhos materiais? *R.* v.p.

XXI. – Aquele dentre vós que não renunciar a tudo o que possui não pode ser meu discípulo.

– Tendo Deus em vista, envolver todos os homens num mesmo amor e num mesmo esquecimento.

– Não se preocupar com a saúde e a vida mais do que a árvore se preocupa com uma folha que cai.

– Lembrarmo-nos unicamente de **Jesus**, pensarmos unicamente em **Jesus**, considerando um ganho toda perda à custa da qual dermos em nós o lugar maior para o pensamento e o conhecimento de **Jesus**, ao lado de quem todo o restante é nada.

– "Reservar para Deus todas minhas forças."

– Dilata os tuum et implebo illud[58].

– "A conversação nos céus[59]." #

– "Mais vale um único pensamento do homem do que o mundo inteiro; por isso somente Deus é digno de nosso pensamento, que lhe é devido, e todo pensamento que não se relacionar a Deus é *um roubo feito a Deus[60]*."

– Distância infinita que há entre a criatura e o Criador.

Resoluções:

– Observar muito fielmente tudo que está prescrito neste capítulo.

– ***Observar muito fielmente, durante toda minha vida, o Regulamento dos irmãozinhos do Sagrado* Coração *de* Jesus.** (Para obedecer a Deus o mais fielmente possível; praticando a vida de Nazaré em região infiel distante, que ele quer de mim, do modo mais fiel que eu possa encontrar).

– ***Fazer o possível para o estabelecimento dos irmãozinhos e das irmãzinhas do Sagrado* Coração *de* Jesus.** (Para trabalhar o máximo que eu puder na glorificação de Deus; para que muitas almas, chamadas por Deus para a vida oculta de Nazaré, tenham essa vida de modo muito fiel; para que tenham essa vida em regiões infiéis distantes, quando Deus assim quiser delas). Meio: *santificar-me o máximo possível observando muito fielmen-*

---

58. "Abre bem a boca e eu a encherei" (Sl 81[80],11).

59. Cf. Fp 3,20.

60. SÃO JOÃO DA CRUZ. *Sentences et maximes spirituelles*, nº 32.

te o *Regulamento dos irmãozinhos do Sagrado* **Coração** *de* **Jesus***; e orar.*

XXII. – *Resoluções*:

– Observar muito fielmente tudo que está prescrito neste capítulo.

– ***Observar muito fielmente, durante toda minha vida, o Regulamento dos irmãozinhos do Sagrado* Coração *de* Jesus.** (Para obedecer a Deus o mais fielmente possível; praticando a vida de Nazaré em região infiel distante, que ele quer de mim, do modo mais fiel que eu possa encontrar).

– ***Fazer o possível para o estabelecimento dos irmãozinhos e das irmãzinhas do Sagrado* Coração *de* Jesus.** (Para trabalhar o máximo que eu puder na glorificação de Deus; para que muitas almas, chamadas por Deus para a vida oculta de Nazaré, tenham essa vida de modo muito fiel; para que tenham essa vida em regiões infiéis distantes, quando Deus assim quiser delas). Meio: *santificar-me o máximo possível observando muito fielmente o Regulamento dos irmãozinhos do Sagrado* **Coração** *de* **Jesus***; e orar.*

XXIII. – Que ele [o irmão prior] não se desencoraje diante de sua tarefa; que seja homem de fé; que se anime de um ardor santo, de um entusiasmo emocionado ao ver a glória que pode proporcionar a Deus por ser fiel à graça. Que se lance ao trabalho, desconfiando muito de si mesmo, muito confiante em "Aquele que fortalece", começando por implorar o auxílio de Deus por meio de orações fervorosas.

Resoluções:

– **Observar muito fielmente, durante toda minha vida, o Regulamento dos irmãozinhos do Sagrado Coração de Jesus.** (Para obedecer a Deus o mais fielmente possível; praticando a vida de Nazaré em região infiel distante, que ele quer de mim, do modo mais fiel que eu possa encontrar).

– **Fazer o possível para o estabelecimento dos irmãozinhos e das irmãzinhas do Sagrado Coração de Jesus.** (Para trabalhar o máximo que eu puder na glorificação de Deus; para que muitas almas, chamadas por Deus para a vida oculta de Nazaré, tenham essa vida de modo muito fiel; para que tenham essa vida em regiões infiéis distantes, quando Deus assim quiser delas). Meio: *santificar-me o máximo possível observando muito fielmente o Regulamento dos irmãozinhos do Sagrado* **Coração** *de* **Jesus***; e orar.*

XXIV. – Digo-vos para não resistirdes ao mal. Se baterem em vossa face direita, oferecei a esquerda. Se quiserem tomar vossa túnica, dai também vosso manto.

– Dai a quem pede, emprestai a quem quiser tomar emprestado.

– Amareis vosso próximo como a vós mesmos.

– Sois todos irmãos, tendes um único Pai.

– Tudo o que fizerdes a um desses pequenos é a mim que o fazeis.

– Tudo o que não fizerdes a um desses pequenos é a mim que não o fazeis.

– Os serviços a seu alcance prestados aos corpos, aos corações, às almas de todos.

– São José, a santa Virgem, Nosso Senhor **Jesus** realizando em Nazaré todas as obras que o irmão capelão realiza na fraternidade.

– Ao receber de Deus sua função, o irmão capelão recebe todas as graças necessárias para cumpri-la santamente; que, longe de desencorajar-se, ele se lance ao trabalho com ânimo, apaixonado pela vontade divina, grato por ela impor-lhe um "bom trabalho" e com um santo entusiasmo ao ver a glória que pode proporcionar a Deus.

– Cumprir a função de sacristão no espírito da santa Virgem em Nazaré.

– Dedicar ao trabalho manual o tempo integral que o Regulamento prescreve.

Resoluções:

– As mesmas duas do capítulo XXIII.

XXV. – *Resoluções:*

– As mesmas duas do capítulo XXIII.

XXVI. – *Resoluções:*

– Redobrar de caridade nos cuidados aos doentes de fora. Dedicar-lhes todo o tempo necessário. Nesses cuidados, destinar a maior parte à oração: *antes de tratar de alguém, sempre recitar ostensivamente, para sua cura e principalmente sua salvação eterna, um Pater, um Ave, um Gloria e algumas invocações; e, se possível fazê-lo tocar a relíquia de são Paulo.*

– As mesmas duas resoluções do capítulo XXIII.

XXVII. – *Resoluções:*

– As mesmas duas do capítulo XXIII.

XXVIII. – *Resoluções:*

– As mesmas duas do capítulo XXIII.

XXIX. – *Resoluções:*

– As mesmas duas do capítulo XXIII.

XXX. – *Resoluções:*

– As mesmas duas do capítulo XXIII.

XXXI. – *Resoluções:*

– As mesmas duas do capítulo XXIII.

XXXII. – *Resoluções:*

– As mesmas duas do capítulo XXIII.

XXXIII. – *Resoluções:*

– As mesmas duas do capítulo XXIII.

XXXIV. – *Resoluções:*

– Receber os hóspedes melhor do que faço: pautar-me pelo Regulamento.

– As mesmas duas resoluções do capítulo XXIII.

XXXV. – *Resoluções:*

– Ser muito asseado, para imitar o asseio da santa casa de Nazaré: de acordo com o Regulamento.

– As mesmas duas resoluções do capítulo XXIII.

XXXVI. – *Resoluções:*

– As mesmas duas do capítulo XXIII.

XXXVII. – *Resoluções:*

– As mesmas duas do capítulo XXIII.

XXXVIII. – *Resoluções:*

– As mesmas duas do capítulo XXIII.

XXXIX. – *Resoluções:*

– Ser *extremamente* fiel ao horário: essa fidelidade, parte da virtude monástica de "regularidade", é fonte de uma infinidade de bens, preserva de uma infinidade de faltas, leva a fazer muitos atos de numerosas virtudes.

– As mesmas duas do capítulo XXIII.

XL. – *Resoluções:*

– As mesmas duas do capítulo XXIII.

Resolução final do retiro anual de 1905.

1º. – ***Observar muito fielmente, durante toda minha vida, o Regulamento dos irmãozinhos do Sagrado Coração de Jesus.***

2º. – **Fazer o possível para o estabelecimento e o desenvolvimento dos irmãozinhos e das irmãzinhas do Sagrado Coração de Jesus.** (Meio a empregar para isso: *santificar-me o máximo possível observando muito fielmente o Regulamento dos irmãozinhos do Sagrado* **Coração** *de* **Jesus***; e orar.*)... "**Cor Jesu sacratissimum, adveniat regnum tuum; fiat voluntas tua sicut in cœlo et in terra.**"

Exame dos três anos 1902, 1903, 1904 e de minha vida em Beni Abbès

I. Principais falhas nesses três anos:

1º. Falhas nas coisas:

1. – Auxiliar de missa.

2. – Confessor.

3. – Insuficiência de solidão.

4. – Insuficiência de trabalho manual.

5. – Proximidade excessiva dos indígenas e principalmente dos franceses.

6. – Construções grandes demais.

7. – Dificuldade de acesso para outros irmãos.

8. – Assuntos de conversas com as pessoas de fora.

9. – Modo de dar esmolas.

10. – Modo de praticar a igualdade e a fraternidade com os indígenas.

11. – Modo de liberar-me das preocupações materiais.

2º. Falhas em mim:

1. – Infidelidades ao horário.

2. – Infidelidades à recitação do breviário.

3. – Infidelidades à recitação das orações que substituem o breviário.

4. – Infidelidades à presença de Deus.

5. – Infidelidades à visão de **Jesus** no próximo.

6. – Infidelidades às resoluções tomadas sobre o uso dos intervalos.

7. – Não fui fraternal com o próximo (em pensamentos, palavras, ações).

8. – Não amei o próximo como a mim mesmo (em pensamentos, palavras, ações).

9. – Não fiz vigília noturna.

10. – Não fui humilde (pensamentos).

11. – Não fui manso (pensamentos, palavras).

12. – Não fui devidamente generoso em meu tempo com o próximo.

13. – Não fui devidamente bondoso com os doentes.

14. – Não mantive uma familiaridade bastante fraternal com os indígenas.

15. – Não tratei os indígenas como meus iguais e sim como meus inferiores.

16. – Não atraí a mim os indígenas por meio de uma familiaridade afetuosa e dedicando-lhes todo meu tempo; mas mantive-os a distância, com a altivez de um superior e dedicando-lhes o menor tempo possível (frequentemente).

17. – Falei palavras inúteis, deslocadas, levianas, maledicentes.

18. – Conversei sobre coisas materiais sem necessidade; e sobre coisas mundanas.

19. – Omiti muitos atos de beneficência espiritual, palavras boas que poderia ter dito.

20. – Temi a falta de higiene e os insetos parasitas.

21. – Dediquei tempo demais a coisas materiais.

22. – Deixei minha mente ocupar-se demais de coisas materiais.

23. – Omiti com muita frequência os exames de consciência.

24. – Com muita frequência deixei de fazer a comunhão espiritual e de dizer Aves durante as idas e vindas, segundo a resolução tomada.

25. – Celebrei a santa missa depressa demais, sem observar as Rubricas com bastante cuidado, particularmente para as orações ao vestir-me e depois.

26. – Deixei de seguir a regra que estabeleci para mim, de "antes de cada ato perguntar-me como **Jesus** faria".

27. – Tenho muito pouca fé.

28. – Tenho muito pouca simplicidade.

29. – Sou tímido demais para dizer simplesmente o que penso.

30. – Omiti a discilina.

31. – Fiz penitência insuficientemente.

32. – Tomei com excessiva complacência precauções para minha segurança, esquecendo o exemplo de **Jesus**.

33. – Mortifiquei-me muito pouco e esqueci demais o valor da mortificação e sua necessidade absoluta.

34. – Fui muito pouco vigilante e muito pouco zeloso em mostrar em mim uma imagem de Cristo, "a religião cristã vivida", alter Christus.

35. – Insisti muito pouco para que me chamem de "irmão" e não de "padre".

36. – Observei mal o Regulamento dos irmãozinhos do Sagrado **Coração** de **Jesus** (sempre que me afastei dele, errei o caminho; sempre que o segui, fiz certo).

37. – Em minhas confissões expressei de modo muito pouco claro minhas faltas contra a recitação do breviário e das orações que o substituem, contra a humildade, contra as rubricas da santa missa.

38. – Tenho o defeito de ser muito pouco explícito em minhas confissões, e isso provavelmente em parte por orgulho, para que não se veja até onde vai minha miséria; (se o orgulho não for a causa exata, pelo menos tira proveito disso).

II. Remédios a aplicar para essas falhas:

1º. Falhas nas coisas:

1. Como fazer quanto ao auxiliar de missa?

R. Confiar-me a Deus como venho fazendo há três anos.

2. Como fazer quanto à confissão?

R. Como no passado; ou seja, se estiver realmente mais de um ano sem ver um padre, precisarei sair da clausura para ir confessar-me. O melhor então será ir confessar-me ao padre Guérin em Maison Carrée[61], no momento em que ele estiver lá.

---

61. Maison-Carrée (El-Harrach): cidade nos arredores de Argel na qual se localizava então a sede dos Padres Brancos. O Padre Guérin visitava-a com bastante regularidade; Charles de Foucault encontrou-se ali com ele em 1906 e 1909.

3. Como fazer para ter mais solidão?

R. Dentro de 8 ou 10 anos Beni Abbès sem dúvida estará quase sem guarnição [militar], e então a fraternidade ficará em plena solidão... Se não quisermos esperar até lá, o único meio é transferir a fraternidade para outro lugar.

4. Como ter mais trabalho manual?

R. Só há dois meios: ter um irmão em Beni Abbès, de modo que, enquanto um fica na casa para receber os que vierem, o outro trabalha manualmente no pomar... ou então transferir a fraternidade para outro lugar, mais solitário e onde seja possível vigiar a casa enquanto se trabalha no pomar. Enquanto eu estiver em Beni Abbès nas condições atuais, não há o que mudar em meu modo de agir.

5. Como ficar menos próximo dos indígenas e dos franceses?

R. Só há dois modos, indicados no n° 3.

6. Como ter construções menores?

R. Se ficarmos em Beni Abbès, o único meio é não aumentar as que já existem e, à medida que elas forem caindo em ruínas, usar materiais para consolidar a parte que quisermos manter... Se deixarmos Beni Abbès, será preciso construir algo *extremamente pequeno* e provisório, que possa ser ampliado pouco a pouco, se vierem novos irmãos, sem em nada procurar construir algo que possa fazer parte dos edifícios de uma fraternidade definitiva.

7. Como ter uma fraternidade com acesso mais fácil?

R. Daqui a 8 ou 10 anos, todos os obstáculos (proibição do governo, falta de segurança etc.) que hoje dificultam o acesso a Beni Abbès certamente terão desaparecido e o acesso será fácil, muito fácil mesmo, por Bechar... Se não quisermos esperar até lá, o único meio de termos uma fraternidade com acesso mais fácil é transferir a de Beni Abbès para outro lugar.

8. Que assuntos de conversa ter com as pessoas de fora?

R. Na medida do possível, o bom Deus; se não for possível, o que for mais adequado para levar a ele nosso interlocutor: a família, os pobres, o bem a ser feito, os temas gerais e bons, os assuntos pessoais de nosso interlocutor (para provar-lhe que o amamos, que nos interessamos por ele, *flere cum flentibus*[62])... Procuremos, por um lado, provar a nosso interlocutor que o amamos interessando-nos sinceramente por ele e sendo extremamente afetuosos com ele; por outro lado, elevar a conversa e, se não for possível fazê-la tratar continuamente do próprio Deus, pelo menos sempre mantê-la sobre o que leva a ele... Nunca falar de política, de nosso passado, de coisas mundanas nem de coisas materiais não indispensáveis... Se nos fizerem confidências sobre assuntos relativos às funções que exercem ou aos trabalhos de que se ocupam, recebê-las afetuosamente, mas não nos envolvermos nem dar conselhos, exceto se nos pedirem e se a caridade pedi-lo claramente; e procurar passar dessas conversas para outras mais elevadas, às quais devemos chegar imediatamente se nosso interlocutor só nos visitar uma vez ou raramente, e com as quais devemos progressivamente (mais ou menos rapidamente, dependendo da pesssoa) fazê-lo habituar-se, se ele nos visitar com mais frequência.

9. Como fazer caridade melhor do que antes?

R. 1º. Fazendo-a "como **Jesus** a fazia", imitando mais fielmente o divino Modelo; *2º.* procurando menos dar

---

62. "Chorar com os que choram" (Rm 1,15).

dinheiro e mais dando o que **Jesus** dava: nosso carinho fraternal, nosso tempo, nosso trabalho; *3º*. empregando as pequenas quantias disponíveis que eu possa ter em pôr para trabalhar no pomar operários *escolhidos* sobre cuja alma espero ter uma influência benfazeja... Doar *tudo o que houver em excesso na fraternidade,* de *roupas, objetos, mobiliário* etc., conservando apenas o mais estritamente necessário... Quanto a esmolas dadas em dinheiro, cevada, tâmaras, dar apenas *quantidades muito pequenas cada vez,* como **Jesus** fazia em Nazaré... Quanto à hospitalidade, dá-la pobremente e apenas para pobres, a poucas pessoas por vez e somente aos que se comportarem bem, como **Jesus** fazia em Nazaré (os ricos não iam à casa dele, iam à casa dos ricos: que continuem a ir lá).

N.B. *1*. Em todas as esmolas, roupas, dinheiro, alimento, hospitalidade, dias de trabalho, é preciso agir com discernimento, de acordo com a regra seguinte: *dar para aqueles a quem nossas doações fizerem bem à alma; não dar para aqueles a quem nossas doações fizerem mal à alma.* Aqueles a quem nossas doações fazem bem são os que, realmente pobres, não mentem ao dizer que necessitam, aqueles que, honestos e trabalhadores (à medida que se pode esperar deles), encontrarão em nossas doações um motivo de gratidão, de enternecimento, de louvor a Deus, aqueles que essas doações ligarão pouco a pouco a nós e tornarão capazes (bem dispostos já estão por uma vida relativamente boa) de ser pouco a pouco aproximados de Deus. Aqueles a quem nossas doações fazem mal são os que, não sendo pobres ou sendo voluntariamente ociosos por preguiça, mentem ao se dizerem necessitados: de seu ponto de vista, nossas doações são uma vitória de sua fraude: não fazem mais que incentivá-los à mentira, à preguiça e ao logro e endurecê-los no mal; longe de serem gratos a Deus ou aos homens, eles se congratulam por seu pecado e zombam dos homens, vendo-os como joguetes de suas artimanhas...

2. Quando isso puder ser feito sem causar dissipação e sem lançar em dificuldades materiais, enquanto estou sozinho ou quase sozinho na fraternidade, uma da melhores caridades que posso fazer, aquela para a qual é preciso principalmente reservar alguns recursos, são os dias de trabalho dados a operários *escolhidos* que trabalhem no pomar; isso possibilita uma influência muito benéfica sobre suas almas, com a condição de *escolher* aqueles a quem damos trabalho e só empregar aqueles a quem temos uma esperança fundamentada de fazer o bem. Se eu pudesse ter um homem honesto num posto de trabalho fixo (Oumbarek, d'Anfid, por ex.[63]); e de vez em quando mandar que ele fosse ajudado por outros, de acordo com meus recursos e sempre *escolhendo* esses auxiliares...

3. Fazer caridade dando meu *esforço* em vez de dar *dinheiro*, ou seja, não procurando ter muito dinheiro para dar muito (coisa muito contrária ao exemplo de **Jesus**), mas dando o pouco que tenho com muita caridade, e dando não só minhas pequenas provisões mas também meu esforço, meu tempo e todas as marcas de fraternal igualdade e fraternal solicitude em receber bem (por exemplo, quando chegar um hóspede, em vez de dar-lhe cevada e dizer-lhe para fazer seu pão, eu mesmo moer sua cevada, amassar seu pão, assá-lo e oferecê-lo a ele: fazer simplesmente *o que nesse caso a santa Virgem e Nosso Senhor **Jesus** faziam em Nazaré*), com a condição

---

63. Em *Carnet de Beni Abbès* (20 de janeiro de 1903), lê-se: "Dois haratin de Anfid: féqir Barka ben Zian e féqir Oumbarek (hartani dos oulad Rziq), conhecidos por sua honestidade, pedem-me que os instrua na santa Religião e parecem sinceros". (N. da T.: *haratin,* termo masculino plural; singular *hartani*: ex-escravos negros, ou mestiços de negro e árabe, sedentários, presentes em todo o Saara; *oulad*: tribo.)

de não haver algo que o bom Deus deseje mais claramente nesse tempo.

10. Como praticar a igualdade e a fraternidade com os indígenas?

R. Deixando-os aproximarem-se de mim, falarem comigo, principalmente não usando os soldados para afastá-los de mim... não receando dedicar-lhes meu tempo... em vez de evitar suas longas conversações, desejá-las, mas voltá-las sempre para Deus; assumir a direção dessas conversas, desviá-las da terra e sempre fazê-las se elevarem para as coisas espirituais... Não temer o contato dos indígenas, nem de suas roupas, cobertas etc. Não temer sua sujeira nem seus piolhos. Não procurar ter piolhos, mas não temê-los: agir como se não existissem. Quando eu estiver com piolhos, livrar-me deles do melhor modo que puder (mas sem pressa excessiva), a fim de não passá-los para os paramentos eclesiásticos; mas não ter medo de pegá-los novamente... Viver com os indígenas *com a familiaridade de* **Jesus** *com seus apóstolos, que eram semelhantes a eles... Acima de tudo, ver* **Jesus** *neles e, portanto, tratá-los não só com igualdade e fraternidade, mas com a humildade, o respeito, o amor, o devotamento* ordenados por essa fé.

11. Como me liberar dos cuidados materiais?

R. Praticando muito fielmente meus **votos**, o ***Regulamento dos irmãozinhos do Sagrado Coração de*** Je**sus**, minhas **promessas**, minhas **resoluções**: sendo muito fiel, *muito pontual em pautar-me pelo horário.*

2º. Falhas em mim:

O remédio para todas essas falhas é arrepender-me delas, confessá-las, fazer penitência, tomar a firme resolução de corrigir-me e rogar a Deus, à santa Virgem, a são José, santa Madalena, meu anjo da guarda, a todos os santos e anjos que me ajudem a converter-me. Depois, empenhar-me com todas minhas forças em começar uma vida nova observando do melhor modo que puder *meus votos, o Regulamento dos irmãozinhos do Sagrado Coração*, todas minhas *promessas* e *resoluções*.

III. Questões diversas:

1. – *Devo permanecer em Beni Abbès ou transferir a fraternidade para outro lugar, um lugar mais solitário, mais escondido, menos exposto a visitas importunas, mais propício para o trabalho manual, mais afastado dos habitantes indígenas e franceses, de acesso mais fácil para os irmãos?*

R. É preciso permanecer em Beni Abbès, de um lado, porque os inconvenientes indicados acima desaparecerão dentro de poucos anos (8 ou 10 anos, no máximo); de outro lado, porque é possível que dentro de pouco tempo a fraternidade de Beni Abbès deva ser transferida mais para oeste, em região plenamente marroquina.

2. – *A resolução tomada em meu retiro de um ano atrás, com relação às viagens, deve ser mantida ou não?*

R. Sim, deve ser mantida, mas com as seguintes reservas: *1º.* admitir muito dificilmente que, fora das viagens prescritas pelo Regulamento, outras sejam mais úteis para a glória de Deus do que a presença de um padre na fraternidade, e que Deus as deseje para mim de preferência à prática ordinária da vida de Nazaré para a qual ele me chamou. Portanto, só muito dificilmente admitir que Deus queira de mim essas viagens. *2º.* Se formos dois, sempre levar comigo meu irmão. *3º.* Se formos mais de dois, não admitir mais que Deus queira essas viagens, a menos que tenham como objetivo a provável transferência da fraternidade para outro lugar que pareça desejado por Deus. Nesse caso, ir sozinho ou com outros irmãos, dependendo das circunstâncias. *4º*. Em todas as viagens, ficar ausente da fraternidade o menor tempo possível.

3. – *Viagens para o Oeste. Fazer ou não, se forem possíveis?*

R. Fazê-las, se tiverem como objetivo a transferência da fraternidade para um lugar mais a oeste, que pareça desejado por Deus. Senão, não.

4. – Viagens para Bechar, Taghit, os Oásis, a região dos tuaregues? Fazê-las ou não?

R. Não. Para Bechar e Taghit, cujas guarnições voltam para o Tell todo ano, essas viagens não são indispensáveis. Para os outros lugares, deixá-las para os Padres Brancos, que têm esse encargo e os meios para elas.

4. *Se a fraternidade de Beni Abbès puder ser transferida para uma boa localização, principalmente mais a oeste, em região plenamente marroquina, devemos transferi-la?*

R. Sim, sem hesitar. Pois é preciso sempre fazer nossos estabelecimentos avançarem o máximo possível para regiões infiéis: por um lado, quanto mais eles avançarem para o interior, mais extensa é sua projeção (as pessoas os conhecem, falam deles ainda mais longe; suas relações são mais numerosas; as idas e vindas dos religiosos que forem para lá são viagens apostólicas); por outro lado, as outras fundações que desejarmos fazer em seguida na região são mais fáceis de estabelecer quando já há uma mais adentro... Portanto, devemos sempre avançar o máximo que pudermos.

6. *Joseph e talvez Hanna?*

R. O que o padre Guérin considerar mais perfeito diante de Deus... Mas parece que em todo caso é preciso segredo absoluto...

Resumo das resoluções do retiro anual de 1905

IESUS + CARITAS

> **Cor Jesu** *Sacratissimum,*
> *adveniat regnum tuum;*
> *fiat voluntas tua*
> *sicut in cœlo et in terra.*

1º. – *Observar muito fielmente, durante toda minha vida, o Regulamento dos irmãozinhos do Sagrado* **Coração** *de* **Jesus.**

2º. – *Fazer o possível para o estabelecimento e o desenvolvimento dos irmãozinhos e das irmãzinhas do Sagrado* **Coração** *de* **Jesus.** (Meio a empregar para isso: *santificar-me o máximo possível observando muito fielmente o Regulamento dos irmãozinhos do Sagrado* **Coração** *de* **Jesus***; e orar*).

N.B. Atentar especialmente para o modo como pratico a imitação constante de **Jesus**, o amor à Cruz e às humilhações, a recitação do ofício divino, as vigílias, a lembrança da presença de Deus, a prece contínua, a mortificação, a humildade, o rebaixamento, o santo trabalho manual, o desapego de tudo que não for Deus, o distanciamento dos assuntos mundanos, o amor às almas, a beneficência espiritual e material para com o próximo, o hábito sobrenatural de sempre ver **Jesus** em todo ser humano e de tratar todo ser humano com a humildade, o respeito, o amor, o devotamento ordenados por essa fé.

Ter o cuidado de: *1º.* fazer uma comunhão espiritual toda vez que eu entrar na capela, que conversar com alguém, que escrever para alguém; *2º.* em todas as idas e vindas, nas caminhadas, quando não estiver fazendo outro exercício espiritual, recitar Ave-Marias pelo reinado universal do **Coração** de **Jesus**. Fazer o mesmo durante o trabalho manual, quando acordar à noite, enfim, sempre que meu espírito **não** estiver ocupado por outro dever; *3º.* antes de cuidar de um doente, sempre recitar, para sua cura e principalmente para salvação de sua alma, um Pater, um Ave, um Gloria, algumas invocações; e, se for possível, fazê-lo tocar a relíquia de são Paulo; *4º.* em todas as meditações do santo Evangelho e das outras partes das Sagradas Escrituras, mentais ou escritas, indagar duas coisas: 1º o principal ensinamento contido na passagem lida; 2º em que se manifesta mais nela o amor de Deus pelos homens; *5º.* quando não me pedirem minha opinião sobre alguma coisa, não me envolver, a menos que Deus me faça disso um dever.

Resolução final do retiro anual de 1905

1º. – *Observar muito fielmente, durante toda minha vida, o Regulamento dos irmãozinhos do Sagrado* **Coração** *de* **Jesus**.

2º. – *Fazer o possível para o estabelecimento e o desenvolvimento dos irmãozinhos e irmãzinhas do Sagrado* **Coração** *de* **Jesus**. (Meio a empregar para isso: *santificar-me o máximo possível observando muito fielmente o Regulamento dos irmãozinhos do Sagrado* **Coração** *de* **Jesus***; e orar.)*... "**Cor Jesu sacratissimum, adveniat regnum tuum; fiat voluntas tua sicut in cœlo et in terra.**"

8

*Resoluções dos retiros anuais de
1906, 1907, 1908, 1909*[64]

---

64. Terá Charles de Foucauld feito anotações de retiro depois das redigidas em Ghardaia em dezembro de 1904, por ocasião de seu retiro anual antecipado de 1905? Temos indicação apenas das "resoluções de retiro", anotadas tanto no pequeno caderno onde ele portava seus "Votos, promessas e resoluções" como em seu caderno-diário para 1906, 1907 e 1908.

Resoluções do retiro anual de 1906

Fazer todo o possível pela salvação dos povos infiéis destas regiões (Marrocos e Saara), com uma abnegação total. (Meios: presença do santíssimo Sacramento, santo Sacrifício, oração, penitência, bom exemplo, caridade, santificação pessoal, empregando eu mesmo esses meios e fazendo o possível para multiplicar os que os empregam entre eles e por eles). **In manus tuas commendo spiritum meum; Cor Iesu sacratissimum, adveniat regnum tuum**[65].

Resoluções do retiro anual de 1907

Praticar muito fielmente o Regulamento dos irmãozinhos do Sagrado **Coração** de **Jesus**, que expressa a vontade de **Jesus** para mim: imitá-lo em sua vida de Nazaré, com a adoração do santíssimo Sacramento, vivendo entre os povos infiéis mais abandonados... **Si quis ministrat, me sequatur**[66]...

Resoluções do retiro anual de 1908

1 – Praticar completamente, constantemente, perfeitamente, permanentemente o Regulamento dos irmãozinhos do Sagrado **Coração** de **Jesus**.

---

65. "Em tuas mãos entrego meu espírito" (Lc 24,10; cf. Sl 31,6). "Sacratíssimo coração de Jesus, venha a nós teu reino."

66. "Quem quiser me servir me siga" (Jo 12,26).

2 – Converter-me.

3 – Orar e sofrer pelo estabelecimento, desenvolvimento, santificação dos irmãozinhos e das irmãzinhas do Sagrado **Coração** de **Jesus**.

4 – Orar e sofrer pela conversão dos infiéis e fazer todos os outros atos **úteis** para sua conversão e conformes com o Regulamento dos irmãozinhos do Sagrado **Coração** de **Jesus**... **Si quis vult post me venire, abneget semetipsum, et tollat crucem suam quotidie, et sequatur me. Cor Iesu sacratissimum, adveniat regnum tuum**[67].

Resoluções do retiro anual de 1909

1 – Pensar, falar, agir como **Jesus** faria em meu lugar.

2 – Observar fielmente o Regulamento dos irmãozinhos do Sagrado **Coração** de **Jesus**, reconhecido por tantos retiros como a vontade de **Jesus** para mim.

3 – Fazer o possível para o estabelecimento dos irmãozinhos e das irmãzinhas do Sagrado **Coração** de **Jesus**.

4 – Fazer o possível para o estabelecimento da associação dos irmãos e irmãs do Sagrado **Coração** de **Jesus**.

5 – Fazer o possível pela conversão dos infiéis (prepará-los para ingressar no corpo da Igreja fazendo-os entrar na alma dela por meio do amor a Deus... fazê-los adquirir o hábito dos atos de caridade perfeita, de conformidade com a vontade de Deus por amor... Propagar entre eles o "terço da caridade")... **Ecce Sponsus**[68].

---

67. "Se alguém quiser vir depois de mim, renuncie a si mesmo, pegue diariamente sua cruz e siga-me" (Lc 9,23). "Sacratíssimo coração de Jesus, venha a nós teu reino."

68. "Eis o Esposo!" (Mt 25,6).

Notas de retiros[69]

---

69. As anotações seguintes são anotações de retiros. A menção à *Association des frères et sœurs du Sacré Cœur de Jésus*, cujos estatutos foram escritos em 1908 e 1909, permite ligar estas anotações ao retiro de 1909. Outras datam de 1911, 1913, 1914.

190

IESUS + CARITAS

Varia

Cor Jesu sacratissimum
adveniat regnum tuum

– Rezar muito por conversão Marrocos e Saara.

– Rezar muito por estabelecimento, santidade, desenvolvimento dos irmãozinhos e irmãzinhas do Sagrado Coração e associação irmãos e irmãs do Sagrado **Coração** de **Jesus**.

– Fazer comunhão espiritual: toda vez que *entrar capela*; toda vez que *falar ou escrever a alguém*.

– Em viagem: dizer, se possível, nas horas regulares o ofício divino, o Veni Creator e outras orações de regra; assim que me derem quarto, abençoá-lo, arrumá-lo como capela.

– Quais viagens fazer? 1º as prescritas pelo Regulamento. 2º toda viagem muito útil para a glória de **Deus** – mais útil para sua glória que a não viagem – que nenhum outro padre puder ou quiser fazer (já que não fiz voto de clausura e não estou impedido por algum dever superior).

– Ver **Jesus** em todo ser humano e agir em conformidade com isso.

– Na oração, pedir diariamente a **Jesus** para amá-lo, obedecer-lhe, imitá-lo; pedir diariamente a Maria para amá-la, obedecer-lhe, imitá-la.

– Exame particular: sobre presença de **Deus**; sobre hábito de ver **Jesus** em todo ser humano.

– Sempre que meu espírito não estiver ocupado por outro dever: *recitar Ave-Marias pelo Reinado universal do* **Coração** *de* **Jesus**.

– Sempre que cuidar de um doente, começar recitando, para sua cura e principalmente para salvação de sua alma, um *Pater, um Ave, um Gloria*, algumas invocações; e, se possível, fazê-lo tocar a relíquia de são Paulo.

– Em toda meditação do santo Evangelho e de outra parte das Sagradas Escrituras, indagar duas coisas: 1º o principal ensinamento contido na passagem, 2º em que se manifesta *mais* nela o amor de **Deus** pelos homens.

– Zelar especialmente:

  – exercícios piedade

  – vigílias

  – relações afetuosas com indígenas

  – beneficência espiritual e material

  – presença de **Deus**

  – ver **Jesus** em todo homem

  – oração contínua

  – santo trabalho com as mãos

  – regularidade

– humildade, respeito, amor, devotamento para com todo homem

– exame geral e particular

– humildade e rebaixamento

– distanciamento das coisas mundanas

– amor às almas

– imitação constante de **Jesus**

– amor à cruz e às humilhações

– hospitalidade

– caridade

– horas santas e horas de guarda

– oração por próximo

– oração por infiéis

– disciplina

– Reler todo domingo todos meus votos, promessas, resoluções gerais de retiros anuais e todas as resoluções de meu último retiro anual.

IESUS + CARITAS

Distribuição das orações, leituras, intervalos, sono etc.

Vive como se devesses morrer mártir hoje

Orações, Leituras, Intervalos:

– hora de adoração: pura adoração

– tempo de oração do horário: pura oração (2/3 contemplação, 1/3 agradecimento, perdão, socorrei-me, entrego-me a vós)

– Intervalos do horário nos dias úteis:

  – via-sacra

  – 6 Pater, 6 Ave, 6 Gloria (Soberano Pontífice)

  – terço caridade

  – 50 Sagrado Coração de Jesus, 10 Coração de Maria, 10 são José, 10 santa Madalena, 10 santo Agostinho (conversão infiéis)

  – 1 capítulo Evangelho

  – 1 capítulo Im. (ou combate espiritual)[70]

  – 2 páginas Regulamento irmãozinhos do Sagrado Coração

  – 2 páginas associação irmãos e irmãs do Sagrado Coração

---

70. Trata-se dos livros *Imitation de Jésus-Christ* [*Imitação de Cristo*] e *Le Combat spirituel* [*O combate espiritual*] [N.T.].

– 2 páginas santa Teresa

– 2 páginas são João da Cruz

– 1 capítulo são Tomás

– 1 Élévation Bossuet[71]

– orações infiéis

– Primeira hora de intervalo suplementar: Sagradas Escrituras: meia hora de meditação por escrito do santo Evangelho; um quarto de hora de meditação por escrito do Antigo Testamento; um quarto de hora de meditação por escrito das Epístolas e do Apocalipse.

– Segunda hora de intervalo suplementar: Teologia: três quartos de hora: dogma; um quarto de hora: moral.

– Terceira hora de intervalo suplementar: Ascética e diversos.

– Intervalos dos dias de descanso: a primeira hora como intervalo horário dias úteis; as três horas seguintes como as três horas intervalos suplementares dos dias úteis; o restante (e o tempo do catecismo, se eu não assistir a ele) *ad libitum.*

– Tempo tirado do sono: a primeira hora no inverno: adoração; o restante: *ad libitum.*

Sono:

– De primeiro de outubro até Páscoa: 8-9 horas: adoração; 9-10 horas: Noturnos e Laudes; deitar às 10 horas; levantar às 4 horas.

– Da Páscoa a primeiro de outubro: 9-10 horas: Noturnos e Laudes; deitar às 10 horas; levantar às 4 horas.

---

71. *Élévations sur les mystères* (*Elevações sobre os mistérios*), do prelado, teólogo e escritor francês Jacques Bossuet (1627-1704).

Adoração

– De primeiro de outubro até Páscoa: meio-dia e meia-1hora; 8-9 horas da noite.

– Da Páscoa a primeiro de outubro: Meio-dia-1 e meia.

Intervalos suplementares:

– De primeiro de outubro até Páscoa: 7-9; 9 1/4 – 10 1/4

– Da Páscoa a primeiro de outubro: 6-9

Leituras de refeições: meio capítulo de Sagradas Escrituras, Martirológio, *ad libitum.*

Tempo do catecismo: empregado em leitura Teologia, se eu estiver só.

Tempo explicação santo Evangelho: empregado em meditação mesma passagem do santo Evangelho, se eu estiver só.

Disciplina suplementar: todos os dias em que houver disciplina segundo Regulamento, antes de deitar fazer uma suplementar para conversão dos infiéis.

(disciplina para conversão dos infiéis: Pater, Ave, Gloria pelo papa; indulgências por almas purgatório).

IESUS + CARITAS

Cor Jesu sacratissimum
adveniat regnum tuum

21 de dezembro 1911
25 de dezembro 1913
1º de maio 1914

3h1/2- 6 h: oração:

3h1/2- 4h: Angelus, Veni Creator, Matinas, Laudes.

4-5 h: preparação missa, missa, ação de graças.

5-6 h: arrumação, frustulum; Prima, Terça, Sexta. Nona, santo Evangelho e meditação escrita; Élévations; Imitation[72].

6 h-11h1/2: trabalho.

11h1/2- 12h1/2: oração e almoço: Angelus, Veni Creator; exame; almoço.

12h1/2- 6h: trabalho.

6 h-8 h: oração e colação:

6 h-7 h: Vésperas; rosário.

---

72. *Élévations sur les mystères* e *Imitation de Jésus-Christ*, leituras habituais de Foucauld já mencionadas anteriormente. *Frustulum* é o diminutivo de *frustum*, que significa pequena quantidade de alimento, bocado que se come [N.T.].

7 h-8 h:	colação; arrumação; Completas; Consagração ao Sagrado Coração; Angelus, Veni Creator; exame.

Oração:	3h3/4
Trabalho:	10h3/4
Sono:	7h1/2
Refeições etc.:	2h

Domingos e dias festivos: id. Exceto que há 2 horas de intervalo, a 1ª das 6h às 7h da manhã, a segunda das 5h às 6h da tarde.

Momentos livres[73]:

- Vie de Notre Seigneur (Fouard)
- 2 páginas Regulamento
- 2 páginas Union Sacré Cœur de Jésus
- Leituras sobre Missões

---

73. Este horário está escrito em duas folhas de papel, uma datada de 1911 e 1913, a outra datada de 1911, 1913 e 1914.

As leituras previstas em 1911 e 1913 não estão reescritas na folha que também traz a data de 1º de maio de 1914.

Union des frères et sœurs du Sacré Cœur de Jésus é o nome dado à associação para conversão dos infiéis.

Série **Clássicos da Espiritualidade**
– *A nuvem do não saber*
Anônimo do século XIV
– *Tratado da oração e da meditação*
São Pedro de Alcântara
– *Da oração*
João Cassiano
– *Noite escura*
São João da Cruz
– *Relatos de um peregrino russo*
Anônimo do século XIX
– *O espelho das almas simples e aniquiladas e que permanecem somente na vontade e no desejo do Amor*
Marguerite Porete
– *Imitação de Cristo*
Tomás de Kempis
– *De diligendo Deo – "Deus há de ser amado"*
São Bernardo de Claraval
– *O meio divino – Ensaio de vida interior*
Pierre Teilhard de Chardin
– *Itinerário da mente para Deus*
São Boaventura
– *Teu coração deseja mais – Reflexões e orações*
Edith Stein
– *Cântico dos Cânticos*
Frei Luís de León
– *Livro da Vida*
Santa Teresa de Jesus
– *Castelo interior ou Moradas*
Santa Teresa de Jesus
– *Caminho de perfeição*
Santa Teresa de Jesus
– *Conselhos espirituais*
Mestre Eckhart
– *O livro da divina consolação*
Mestre Eckhart
– *A nobreza da alma humana e outros textos*
Mestre Eckhart
– *Carta a um religioso*
Simone Weil
– *De mãos vazias – A espiritualidade de Santa Teresinha do Menino Jesus*
Conrado de Meester
– *Revelações do amor divino*
Juliana de Norwich
– *A Igreja e o mundo sem Deus*
Thomas Merton
– *Filoteia*
São Francisco de Sales
– *A harpa de São Francisco*
Felix Timmermann
– *Tratado do amor de Deus*
São Francisco de Sales
– *Espera de Deus*
Simone Weil
– *Contemplação num mundo de ação*
Thomas Merton
– *Pensamentos desordenados sobre o amor de Deus*
Simone Weil
– *Aos meus irmãozinhos*
Charles de Foucauld
– *Revelações ou a luz fluente da divindade*
Matilde de Magdeburg
– *A sós com Deus*
Charles de Foucauld

CULTURAL

Administração – Antropologia – Biografias
Comunicação – Dinâmicas e Jogos
Ecologia e Meio Ambiente – Educação e Pedagogia
Filosofia – História – Letras e Literatura
Obras de referência – Política – Psicologia
Saúde e Nutrição – Serviço Social e Trabalho
Sociologia

CATEQUÉTICO PASTORAL

Catequese – Pastoral
Ensino religioso

REVISTAS

Concilium – Estudos Bíblicos
Grande Sinal – REB

TEOLÓGICO ESPIRITUAL

Biografias – Devocionários – Espiritualidade e Mística
Espiritualidade Mariana – Franciscanismo
Autoconhecimento – Liturgia – Obras de referência
Sagrada Escritura e Livros Apócrifos – Teologia

PRODUTOS SAZONAIS

Folhinha do Sagrado Coração de Jesus
Calendário de mesa do Sagrado Coração de Jesus
Almanaque Santo Antônio – Agendinha
Diário Vozes – Meditações para o dia a dia
Encontro diário com Deus
Guia Litúrgico

VOZES NOBILIS

Uma linha editorial especial, com importantes autores, alto valor agregado e qualidade superior.

VOZES DE BOLSO

Obras clássicas de Ciências Humanas em formato de bolso.

CADASTRE-SE
www.vozes.com.br

EDITORA VOZES LTDA.
Rua Frei Luís, 100 – Centro – Cep 25689-900 – Petrópolis, RJ
Tel.: (24) 2233-9000 – Fax: (24) 2231-4676 – E-mail: vendas@vozes.com.br

UNIDADES NO BRASIL: Belo Horizonte, MG – Brasília, DF – Campinas, SP – Cuiabá, MT
Curitiba, PR – Fortaleza, CE – Juiz de Fora, MG – Petrópolis, RJ – Recife, PE – São Paulo, SP